U0806613

低碳基础设施:从理念到实施的全球经验

宋致军　张　炯　主　编

山东大学出版社
SHANDONG UNIVERSITY PRESS
·济南·

图书在版编目(CIP)数据

低碳基础设施：从理念到实施的全球经验/宋致军，
张炯主编.—济南：山东大学出版社，2023.11
ISBN 978-7-5607-8045-0

Ⅰ.①低… Ⅱ.①宋… ②张… Ⅲ.①基础设施建设
—节能—研究 Ⅳ.①F294

中国国家版本馆 CIP 数据核字(2023)第 232835 号

责任编辑 李 港
封面设计 王秋忆

低碳基础设施：从理念到实施的全球经验
DITAN JICHU SHESHI：CONG LINIAN DAO SHISHI DE QUANQIU JINGYAN

出版发行 山东大学出版社
社　　址 山东省济南市山大南路 20 号
邮政编码 250100
发行热线 (0531)88363008
经　　销 新华书店
印　　刷 山东和平商务有限公司
规　　格 720 毫米×1000 毫米 1/16
　　　　 11.75 印张 217 千字
版　　次 2023 年 11 月第 1 版
印　　次 2023 年 11 月第 1 次印刷
定　　价 68.00 元

版权所有 侵权必究

《低碳基础设施：从理念到实施的全球经验》编委会

主　编　宋致军　张　炯

副主编　侯德国　申　勇　管玉朋　高　雅

王庆松　赵　莹

编　委　徐秀金　宋方玉　张傲尘　邱梁堃

李昊玮　李丹丹　王廉聪　杨　臻

王如浩　李靖生　刘　畅

主编简介

宋致军，高级工程师，水利水电工程专业注册二级建造师。近年来主持山东省重点水利工程（黄水东调应急工程和黄水东调二期工程）建设管理工作，参加南水北调东线梁济运河、山东省湖内浅槽等国家级、省级重点工程施工技术管理工作，拥有丰富的项目建设管理经验。在国家级核心期刊上发表10余篇论文，拥有7项国家发明专利和实用新型专利。现任山东水发黄水东调工程有限公司总经理、潍坊峡山水务有限公司总经理。

张炯，山东大学土建与水利学院教授、博士生导师，山东省泰山学者青年专家，黄河流域基础设施环境低影响建造技术研究中心执行主任。主要从事基础设施环境低影响建造、智能监测与检测方面的研究。主持国家自然科学基金、山东省自然科学基金、山东省重点研发项目等多项基金项目。发表论文50余篇；拥有授权专利50余项；获得国家科技进步奖二等奖1项，省部级科技进步一等奖3项、二等奖4项。

前言

2020年9月，在第七十五届联合国大会一般性辩论上，习近平主席郑重宣布：中国将提高国家自主贡献力度，采取更加有力的政策和措施，二氧化碳排放力争于2030年前达到峰值，努力争取2060年前实现碳中和。这一富有雄心的重大宣示，既表明了中国全力推进新发展理念的坚定意志，也彰显了中国愿为全球应对气候变化作出新贡献的明确态度，得到了国际社会的普遍赞誉。

基础设施，英文为infrastructure，世界银行（1994年）将其定义为：永久性工程构筑、设备、设施以及它们所提供的为居民所用和用于经济生产的服务，并将其细分为经济性基础设施和社会性基础设施。通常所说的基础设施主要是指经济基础设施，具体包括：公共设施，如电力、通信、自来水、卫生设施与排污、固体废弃物的收集与处理及管道煤气；公共工程，如公路、大坝和灌溉及排水用的渠道工程；其他交通部门，如城市与城市间铁路、城市交通、港口、水路以及机场等。

为了介绍有关低碳基础设施的最新理论和政策，以及总结全球范围内的实践经验，我们特编写本书，希望对低碳基础设施建设起到一定的推动作用。本书共分九章：第一章介绍低碳基础设施的概念、目标、意义和挑战；第二章介绍低碳基础设施的分类方法，并针对不同类别的低碳基础设施，分析其主要的特征；第三章介绍低碳基础设施的评估方法和指标；第四章分析影响低碳基础设施的政策和机制；第五章至第九章则分别介绍低碳基础设施在能源、交通、水利、建筑以及城市规划领域的应用案例。

通过对本书的学习，读者可以更全面地了解低碳基础设施的概念、目标、意义和挑战，掌握低碳基础设施的评估方法和指标，以及了解低碳基础设施在不同领域的实践经验和政策框架。同时，本书也为低碳基础设施的研究和实践提供了参考和借鉴。

由于作者水平有限，书中难免有不妥之处，欢迎各位专家和广大读者批评指正。

编　者

2023 年 6 月

目 录

第一章　低碳基础设施的概念、目标、意义和挑战

温室气体排放是导致全球变暖的主要原因之一。根据联合国政府间气候变化专门委员会(IPCC)的报告,2010～2019 年全球温室气体年平均排放量处于人类历史上的最高水平,2019 年的排放量达到 590 亿吨,比 2010 年全球 525 亿吨的排放量跃升了约 12%,即过去十年排放量平均每年增长约 1.3%。

根据荷兰环境评估署(PBL)2020 年发布的数据,2010～2019 年,化石燃料和水泥等工业生产过程排放的二氧化碳占全球温室气体排放总量的 72.6%,是温室气体的主要来源。甲烷(CH_4)和氧化亚氮(N_2O)的排放占比分别约是 19%和 55%,还有 2.9%的温室气体排放来自氢氟碳化物(HFCs)、全氟化碳(PECs)、六氟化硫(SF_6)等含氟气体。图 1-1 为按气体类型和来源分列的全球温室气体排放量(包括土地利用、土地利用的变化和林业)。

根据国际能源署(IEA)公布的化石燃料燃烧的二氧化碳排放数据,2019 年来自煤炭、石油和天然气的碳排放分别占 43.8%、34.6%和 21.6%,同样热值的煤炭燃烧排放的二氧化碳约是天然气的两倍。从部门分布看,电力和供热、交通运输、工业是全球二氧化碳排放量最大的部门,三者合计占 85%左右。

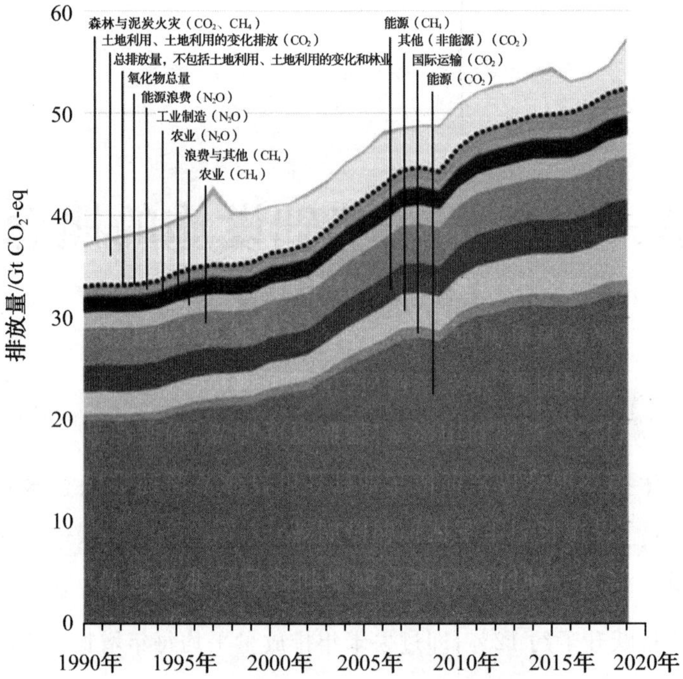

图 1-1　按气体类型和来源分列的全球温室气体排放量

（包括土地利用、土地利用的变化和林业）

根据联合国环境规划署（UNEP）《2020 年排放差距报告》的数据，2010～2019 年的十年间，前六大温室气体排放国（地区）合计占全球温室气体排放总量（不包括土地利用变化）的 62.5％，其中中国占 26％，美国占 13％，欧盟 27 国和英国占 8.6％，印度占 6.6％，俄罗斯占 4.8％，日本占 2.8％。按人均排放量计算，2019 年全球人均排放量约为 6.8 吨，美国高出世界平均水平 3 倍，印度低于世界平均水平约 60％。图 1-2 为全球主要排放国（地区）的温室气体排放量（不包括国际运输和土地利用变化排放），图 1-3 为全球主要排放国（地区）的人均温室气体排放量（不包括国际运输和土地利用变化排放）。

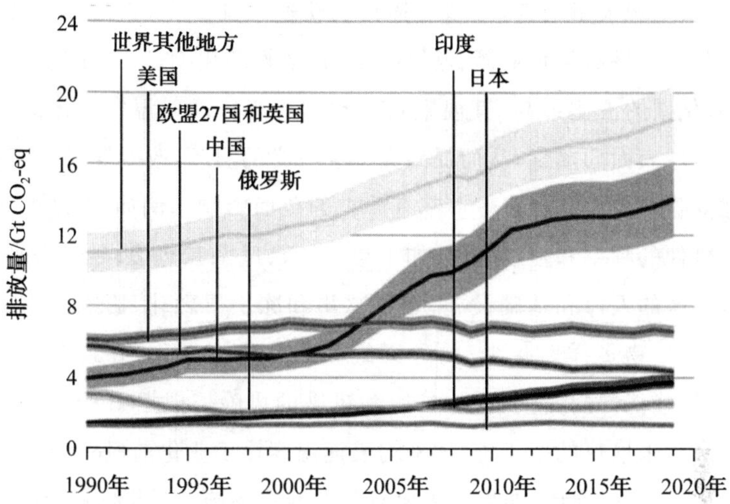

图 1-2　全球主要排放国(地区)的温室气体排放量

(不包括国际运输和土地利用变化排放)

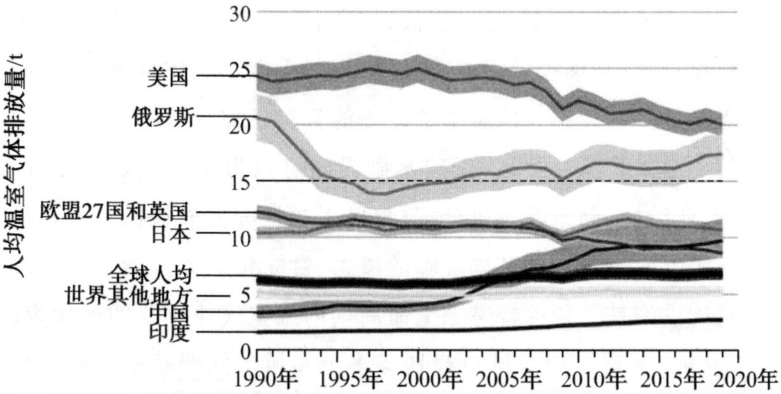

图 1-3　全球主要排放国(地区)的人均温室气体排放量

(不包括国际运输和土地利用变化排放)

人们发现当前的气温比近千年前的气温升高了 2.5 ℃,二氧化碳百分比浓度升高了 160 mL/L。进一步的分析发现,气温的快速升高几乎与工业化同步或趋势一致。在过去的千年时间里,社会生产在工业革命前以农业为主,大气中二氧化碳的浓度基本恒定,气温变化也是稳定在一定区间内。而进入工业革命以来，化石资源大量消耗，温室气体排放快速增加。在《京都议定书》规定控制的二氧化碳、甲烷、氧化亚氮、氢氟碳化物、全氟碳化物、六氟化硫 6 种温室气体中，二氧化碳的占比最高，其温室效应约占一半。这些温室气体能够吸收和重新辐射地球表面的热量，从而提高大气和海洋的温度，改变气候系统的平衡。

全球变暖对人类和自然环境都有严重的负面影响。例如，全球变暖会导致极端天气事件的频率和强度增加，如干旱、洪水、风暴和热浪；导致海平面上升，威胁沿海地区的人口和基础设施；导致冰川和冻土层融化，影响淡水资源和生态系统；导致生物多样性减少、物种灭绝和分布范围变化；导致农业、林业、渔业、旅游业等经济部门受损，增加贫困和饥饿的风险。根据 IPCC 的报告，2016 年是有记录以来最热的一年，全球平均表面温度比工业化前（1850～1900 年）高了约 1.1 ℃。IPCC 预计，如果不采取有效的减排措施，21 世纪末全球平均气温可能比工业化前的水平上升 1.5 ℃，甚至更高。这将对地球上所有生命造成灾难性的影响。根据世界银行的估计，到 2050 年，全球变暖可能导致超过 1 亿的人陷入极端贫困，而且主要是发展中国家的人民。

为了应对全球变暖带来的挑战，低碳基础设施建设迫在眉睫。低碳基础设施是指在建设、运行和维护过程中，能够有效减少温室气体排放，同时满足社会经济发展需求的基础设施。低碳基础设施的目标是促进低碳转型，实现绿色发展，提高资源效率和环境质量。低碳基础设施可以为应对气候变化、保障能源安全、优化产业结构、创造就业机会、改善民生福祉等方面提供重要支撑。本书将从以下三个方面阐释低碳基础设施的概念、目标和意义。

低碳基础设施是一种综合考虑生命周期内温室气体排放的基础设施，可应用于能源、交通、水利、建筑、城市规划等多个领域。低碳基础设施的概念是在应对全球气候变化的背景下提出的，旨在通过优化基础设施的规划、设计、建造和管理，实现经济社会发展与环境保护的协调统一。低碳基础设施与传统基础设施的区别在于，它更加注重系统性、可持续性和适应性，能够适应不同的气候条件和社会需求，同时减少对自然资源和生态系统的负面影响。

建设低碳基础设施的目标是实现低碳发展，即在保证经济增长和社会进步的同时，降低温室气体排放强度，减缓气候变化的影响。低碳发展是一种新型的发展模式，它要求在经济、社会和环境三个维度上实现协调和平衡，促进人与自然的和谐共生。建设低碳基础设施是实现低碳发展的重要手段之一，它可以通过提供清洁能源、优化交通方式、节约用水用地、提高建筑效率等方式，降低各个部门和领域的温室气体排放水平，同时提高经济社会发展的质量和效益。低碳基础设施的目标与联合国可持续发展目标（SDGs）和《巴黎协定》的目标是一致的，有助于实现全球绿色转型和低碳发展。

建设低碳基础设施的意义在于，它可以为应对气候变化、保障能源安全、优化产业结构、创造就业机会、改善民生福祉等方面提供重要支撑。首先，低碳基础设施可以帮助减少温室气体排放，缓解全球变暖压力，增强对极端天气事件的抵御能力，为保护生物多样性和生态系统服务。其次，低碳基础设施可以促进能源结构转型，提高能源供给的多样性和可靠性，降低对外部能源的依赖度，增强能源安全保障能力。再次，低碳基础设施可以推动产业结构的优化和升级，促进新兴产业的发展和传统产业的转型，提高产业附加值和竞争力，增加经济增长的潜力和动力。最后，低碳基础设施可以创造更多的就业机会和收入来源，提高人民群众的生活水平和质量，实现社会公平和稳定，促进可持续发展和共同富裕。

综上所述，低碳基础设施是实现绿色发展、建设生态文明、推进国家现代化的重要手段和载体。世界各国都应该加大对低碳基础设施的投入和建设，加强国际合作和交流，为实现碳达峰和碳中和目标作出积极贡献。

1.1 低碳基础设施的理论基础

低碳基础设施的理论基础主要包括低碳发展、循环经济、绿色增长等概念。

1.1.1 低碳发展

低碳发展是指在社会经济发展的过程中，通过采取有效的措施，降低温室气体的排放，减少对环境的影响，实现经济增长与环境保护的协调发展。低碳发展的概念源于对全球气候变化的关注和应对，是一种符合可持续发展理念的发展模式。

低碳发展的主要内容包括以下几个方面：

低碳能源：是指利用清洁、可再生、高效的能源资源，替代或减少化石能源的消耗，提高能源利用效率，降低单位能源消耗所产生的温室气体排放量。低碳能源包括太阳能、风能、水能、生物质能、核能等。

低碳产业：是指在生产过程中，采用先进的技术、设备和管理方法，优化资源配置，提高资源利用率，减少废弃物和污染物的排放，降低单位产品或服务所产生的温室气体排放量。低碳产业包括高新技术产业、节能环保产业、循环经济产业等。

低碳交通：是指在交通运输过程中，采用清洁、高效、便捷的交通方式和工具，优化交通网络和结构，提高交通运输效率，减少交通拥堵和事故，降低单位运输量所产生的温室气体排放量。低碳交通包括公共交通、非机动交通、新能源汽车等。

低碳建筑：是指在建筑设计、施工和使用过程中，采用节能、环保、舒适的建筑材料和设备，优化建筑功能和形态，提高建筑节能性能，减少建筑对自然资源的消耗和对环境的影响，降低单位建筑面积所产生的温室气体排放量。低碳建筑包括绿色建筑、节能建筑、智能建筑等。

低碳生活：是指在日常生活中，树立节约、环保、健康的生活理念和习惯，合理规划和安排生活活动，减少不必要的消费和浪费，提高生活质量和幸福感，降低单位人口所产生的温室气体排放量。低碳生活包括节约用水、用电、用纸等，使用环保产品和服务，参与绿色出行和旅游，开展低碳志愿者活动等。

1.1.2 循环经济

循环经济是一种以节约资源和保护环境为目标，以资源再利用和废物再生为手段，以实现经济、社会和生态系统协调发展的经济模式。循环经济的概念源于自然界的物质循环和能量流动，借鉴了生态学、系统论、产业生态学等学科的理论和方法。循环经济的基本原则包括减量化、再利用和资源化。减量化是指在生产、流通和消费过程中，尽可能减少资源的消耗和废物的排放，提高资源的利用效率和附加值。再利用是指在生产、流通和消费过程中，尽可能延长产品的使用寿命，重复利用产品或其零部件，减少废旧产品的产生。资源化是指对无法再利用的废物进行回收、分类、处理和转化，使其成为可再利用的资源，实现废物的无害化、减量化和无废化。

1.1.3 绿色增长

绿色增长是一种描述经济增长与环境可持续性相协调的概念。它认为只要经济增长仍然是一个主要目标，就需要实现经济增长与资源利用和不利的环境影响之间的脱钩。因此，绿色增长与绿色经济和低碳或可持续发展的概念密切相关。绿色增长的一个主要驱动力是向可持续能源系统的转型。

实现绿色增长意味着在促进经济增长和发展的同时，不损害未来所依赖的资源。绿色增长旨在尊重生物多样性、自然资源和工作条件。绿色增长政策是实现强劲、更可持续和包容性增长所需的结构性改革的一个组成部分。它可以通过以下方式释放新的增长潜力：提高生产率，通过创造激励机制，提高自然资源利用效率，减少浪费和能源消耗，提供创新和价值创造的机会，并实现资源最高价值利用；提高投资者信心，提高政府应对重大环境问题的可预测性；开拓新市场，通过刺激引起对绿色产品、服务和技术的需求。

由此可见，低碳发展是一种以低耗能、低污染、低排放为特征的可持续发展模式，对经济和社会的可持续发展具有重要意义。循环经济是一种以资源节约和废弃物再利用为核心的经济形态，旨在实现资源的高效利用和环境的最小化负荷。绿色增长是一种以绿色技术创新和绿色产业发展为动力的经济增长方式，旨在实现经济增长与生态保护的协调统一。

基于这些概念的经济发展模式都符合可持续发展理念，强调人与自然相互依存，降低资源投入，提高利用效率；强调适度消费、物质综合利用和循环利用；强调创新引领、结构调整、重点突破，促进经济绿色繁荣。这些概念之间既有联系也有区别：低碳发展更侧重于控制温室气体排放，循环经济更侧重于资源节约和废弃物再生，绿色增长更侧重于技术创新和产业升级。建设低碳基础设施，需要统筹协调这些概念，形成一个系统的理论框架和实践路径。

1.2 低碳基础设施的政策框架

低碳基础设施的建设和运营需要有助于实现碳中和的目标，同时也要考虑社会、经济和环境的多重效益。为了推动低碳基础设施的发展，国际上和国内都制定了一系列的政策框架，下面分别对其进行梳理。

1.2.1 国际政策框架

在国际层面，《联合国气候变化框架公约》(United Nations Framework Convention on Climate Change，UNFCCC)及《巴黎协定》是目前全球应对气候变化的最重要的法律文件，为各国提供了减排承诺、资金支持、技术合作等方面的指导原则。此外，联合国还通过《2030 年可持续发展议程》和《亚的斯亚贝巴行动议程》等文件，强调了低碳基础设施在实现可持续发展目标和融资可持续发展方面的重要作用。同时，一些国际组织和多边机构，如世界银行、亚洲开发银行、欧洲投资银行等，也通过提供贷款、担保、技术援助等方式，支持低碳基础设施的规划、建设和运营。

1.2.1.1 《联合国气候变化框架公约》

《联合国气候变化框架公约》是一项国际性的法律文件，旨在应对全球气候变化的挑战，保护地球的生态系统和人类的福祉。该公约于 1992 年在巴西里约热内卢召开的联合国环境与发展大会上通过，目前已有 197 个缔约方。

《联合国气候变化框架公约》的主要内容包括：①确立了缔约方应对气候变化的共同但有区别的责任，即发达国家应承担主要责任，同时考虑发展中国家的特殊需要和情况；②确立了缔约方应遵循的基本原则，如公平原则、协商一致原则、预防原则、共同利益原则等；③确立了缔约方应实施的具体措施，如制定和执行国家气候变化政策和行动计划，促进温室气体减排和适应能力的提高，加强科技合作和信息交流，提供财政和技术支持等；④确立了缔约方应履行的义务，如定期提交国家通信和排放清单，参与公约机制的运作，遵守公约规则和决定等；⑤确立了公约机制的组成和职能，如缔约方大会、执行委员会、秘书处、专家组等。

《联合国气候变化框架公约》是全球应对气候变化的基本框架，为后续的具体协议和行动提供了指导和依据。该公约体现了国际社会对气候变化问题的高度关注和共同行动的意愿，也反映了不同缔约方之间在利益、责任和能力方面的差异和矛盾。该公约在促进全球气候治理方面发挥了重要作用，但也面临着诸多挑战和困难，如缺乏强制性的目标和措施、缺乏有效的监督和执行机制、缺乏充分和平衡的资金和技术支持等。

1.2.1.2 《巴黎协定》

《巴黎协定》是人类应对气候变化的国际法律文本，于 2015 年 12 月在巴黎气候变化大会上达成，并于 2016 年 11 月 4 日正式生效。《巴黎协定》的主要目标是将全球平均气温较前工业化时期上升幅度控制在2 ℃以内，并努力将温度上升幅度限制在 1.5 ℃以内。为了实现这一目标，各国需要提交自主确定的减排和适应行动计划，即国家自主贡献（NDCs），并呼吁各国在 2023 年进行第一次全球盘点，之后每五年进行一次全球进展评估。《巴黎协定》是多边气候治理的重要里程碑，为之后全球合作应对气候变化提供了制度框架和推动力量。

《巴黎协定》的意义和影响包括以下几个方面：①体现了全球气候治理的共同但有区别的责任原则，兼顾了发展中国家和发达国家的利益和诉求，增强了各方的参与度和信心；②不仅规定了发达国家向发展中国家提供资金、技术和能力建设支持的义务，还鼓励其他愿意提供支持的国家参与其中；③强调了适应气候变化的重要性，要求各方加强适应行动和能力，提高适应能力、强化抵御力和减少脆弱性；④反映了全球气候治理的底层逻辑转变，从强制性的排放限制转向自主性的减排贡献，从单一的碳排放指标转向多元的低碳发展路径，从静态的排放分摊转向动态的排放调整；⑤赋予了各国更大的灵活性和自主性，使各国能够根据自身国情、发展阶段和能力水平确定自己的减排目标和行动方式；⑥促进了各国在低碳技术、清洁能源、绿色金融等领域的创新和合作，为实现低碳转型和可持续发展提供了新的机遇；⑦展现了全球气候治理的前瞻性和远景性，为实现全球温室气体排放达峰并迅速下降、实现 21 世纪下半叶温室气体排放平衡提供了长期指引。《巴黎协定》要求各缔约方在2020年前提交2050年低碳排放发展长期战略。

中国作为负责任的大国，积极推动了《巴黎协定》的达成。2015年11月，习近平主席出席气候变化巴黎大会并发表重要讲话，明确提出：一份成功的国际协议，应该有利于实现公约目标，引领绿色发展；应该有利于凝聚全球力量，鼓励广泛参与；应该有利于加大投入，强化行动保障；应该有利于照顾各国国情，讲求务实有效。2016年9月，中国首次将气候变化议题纳入二十国集团(G20)议程，习近平主席亲自交存中国批准《巴黎协定》的法律文书，推动了《巴黎协定》的快速生效。2017年，在全球气候治理面临重大不确定性时，习近平主席多次表明中方坚定支持《巴黎协定》的态度，推动了全球气候治理向前发展。

《巴黎协定》生效后，中国积极响应协定要求，率先于2020年9月向联合国提交了《中国应对气候变化的国家自主贡献》，并宣布将力争于2030年前实现碳达峰，努力于2060年前实现碳中和的目标。这是中国对全球气候治理作出的重大承诺，也是中国为构建人类命运共同体、推动构建新型国际关系而采取的重要举措。正如联合国前秘书长潘基文所评价的那样，中国为《巴黎协定》的达成、气候变化巴黎大会的成功作出了历史性的贡献、基础的贡献、重要的贡献、关键的贡献。

1.2.1.3 《2030年可持续发展议程》

《2030年可持续发展议程》是2015年在第七十届联合国大会上通过、2016年1月1日正式启动的议程，旨在实现人类和地球的和平、繁荣和可持续发展。该议程包含了17个可持续发展目标(SDGs)和169个具体目标，涵盖了经济、社会、环境、治理等多个领域，反映了全球各国和利益相关者的共同愿景和责任。

《2030年可持续发展议程》的意义和影响包括以下几个方面：①《2030年可持续发展议程》是一项具有历史意义的成果，体现了国际社会对人类命运共同体的认同和对全球挑战的应对。②《2030年可持续发展议程》是在广泛参与和协商的基础上制定的，充分考虑了不同国家和地区的实际情况和需求，反映了普遍的共识和利益。该议程也是在国际秩序和多边主义面临严峻挑战的背景下达成的，显示了国际社会对维护世界和平与发展的决心和信心。③《2030年可持续发展议程》是一项具有前瞻性和创新性的规划，提出了一系列具有战略意义和指导意义的原则和方法。④《2030 年可持续发展议程》强调可持续发展的整体性、普遍性、包容性、平衡性、人文性、协作性等特征，突出以人为本、不让任何一个人掉队、尊重自然、促进伙伴关系等理念，提倡转变发展方式、增强实施能力、加强跟踪评估等措施，为实现可持续发展提供了新的思路和途径。⑤《2030年可持续发展议程》是一项具有挑战性和紧迫性的任务，要求各国和各方面付出巨大的努力和牺牲。⑥《2030 年可持续发展议程》设定了一系列理想远大而且难度也很大的目标，涉及各种复杂而又敏感的问题，需要在有限的时间内取得显著的进展。实现这些目标不仅需要各国政府履行承诺、动员资源、制定政策、加强合作，还需要社会各界积极参与、提高意识、改变行为、承担责任。

1.2.1.4 《亚的斯亚贝巴行动议程》

《亚的斯亚贝巴行动议程》是 2015 年 7 月在埃塞俄比亚首都亚的斯亚贝巴召开的第三次国际发展融资会议上通过的一份全球发展合作框架，旨在为实现 2030 年可持续发展目标(SDGs)和融资可持续发展(FSD)提供指导和支持。该议程强调了国内资源动员、国际公共融资、国际私人融资、贸易、债务、技术、创新、数据等多种融资来源和手段的重要性，以及政策一致性、多边合作、全球治理等跨领域的关键问题。该议程认为，实现可持续发展目标和融资可持续发展需要全球伙伴关系的加强，以及各国根据自身国情制定并执行符合可持续发展原则的国家发展战略。该议程还提出了一系列具体的行动措施和承诺，涉及税收合作、援助有效性、基础设施投资、社会保障、气候变化、人道主义危机等领域。《亚的斯亚贝巴行动议程》是一份具有里程碑意义的文件，为全球发展合作提供了一个全面而平衡的框架，为实现可持续发展目标和融资可持续发展提供了一个强有力的推动力。

在国际层面，中国政府认真落实气候变化领域南南合作政策承诺，通过建设低碳示范区，援助气象卫星、光伏发电系统和照明设备、环境监测设备等应对气候变化相关物资，帮助有关国家提高应对气候变化能力。截至 2022 年 6 月，中国已在南南合作框架下与 38 个发展中国家签署 43 份气候变化合作文件，已帮助28个国家实施37项减缓和适应气候变化项目，举办100余期应对气候变化及节能减排培训班，培训对象超过4000人。2021年，中国宣布启动中非应对气候变化三年行动计划专项，2022年成立中国—太平洋岛国应对气候变化合作中心，持续为发展中国家积极应对气候变化作出中国贡献。

1.2.2 国内政策框架

近年来，中国发起了一系列绿色行动倡议，采取绿色基建、绿色能源、绿色交通、绿色金融等一系列举措，着力加快“一带一路”投资合作绿色转型，支持共建“一带一路”国家开展清洁能源开发利用，让绿色成为共建“一带一路”的底色。截至2022年7月初，中国同149个国家（包含134个发展中国家）及32个国际组织签署超200份共建“一带一路”合作文件，并建立超过90个双边合作机制，为共建“一带一路”绿色发展奠定了全方位、多元化的合作伙伴基础。2021年9月，习近平主席在第七十六届联合国大会一般性辩论上提出全球发展倡议，强调加快绿色低碳转型，实现绿色复苏发展，并郑重宣布中国将大力支持发展中国家能源绿色低碳发展，不再新建境外煤电项目，获得了国际社会的广泛好评。

在国内层面，中国是当今全球最大的温室气体排放国，也是低碳基础设施的重要投资者和建设者。中国政府高度重视低碳基础设施的发展，将其作为实现碳达峰和碳中和目标的重要手段之一。中国在《国家应对气候变化规划（2014～2020年）》《“十三五”节能减排综合工作方案》《中华人民共和国国民经济和社会发展第十四个五年规划和2035年远景目标纲要》等文件中，明确了低碳基础设施在能源转型、交通绿色化、建筑节能等方面的具体目标和措施。此外，中国还通过建立绿色金融体系、完善碳市场机制、加强国际合作等方式，为低碳基础设施的融资和运营提供了政策支持和激励。

1.2.2.1 《国家应对气候变化规划（2014～2020年）》

《国家应对气候变化规划（2014～2020年）》（下文简称《规划》）是我国应对气候变化工作的重要指导文件，体现了我国积极应对气候变化的战略决心和政策导向。

《规划》分为十一章，分别阐述了我国应对气候变化的现状与展望、指导思想和主要目标、控制温室气体排放、适应气候变化影响、实施试点示范工程、完善区域应对气候变化政策、健全激励约束机制、强化科技支撑、加强能力建设、深化国际交流与合作和组织实施等内容。

《规划》明确了我国应对气候变化的总体目标，即到 2020 年，单位国内生产总值二氧化碳排放比 2005 年下降 40％～45％，非化石能源在一次能源中的比重达到 15％，森林蓄积量比 2005 年增加 13 亿立方米，城乡居民生活水平显著提高，城乡基础设施和重点领域适应气候变化能力显著增强，建立健全应对气候变化法律法规和政策体系，形成全社会参与应对气候变化的良好局面。

《规划》突出了减缓和适应并重的原则，将控制温室气体排放和提高适应气候变化能力作为两个并行的重点任务，分别从产业结构、能源结构、能源节约、碳汇增加、工业排放、城乡建设排放、交通排放、农业商业废弃物处理排放等方面提出了控制温室气体排放的具体措施，从城乡基础设施、水资源管理、农林适应、海洋海岸带适应、生态脆弱地区适应、人群健康适应、防灾减灾等方面提出了提高适应气候变化能力的具体措施。

《规划》强调了科技创新和市场机制的作用，将科技创新作为应对气候变化的战略支撑，提出了加强基础研究、加大技术研发力度、加快推广应用等方面的任务和措施，同时建立了碳交易制度和碳排放认证制度，完善了财税和价格政策，建立了投融资政策，发挥了市场在资源配置中的决定性作用，激励了各类主体参与低碳发展。

《规划》注重了区域差异和试点示范的引领作用，根据不同地区的经济发展水平、资源禀赋、产业结构和气候特点，制定了相应的碳达峰和碳中和目标，明确了各地区的主要任务和重点领域，同时支持部分地区和行业率先实施更高标准的碳达峰和碳中和行动，形成一批可复制、可推广的经验和模式，为全国低碳转型提供示范引领。

《规划》突出了国际合作和共同发展的理念，呼吁各国积极参与全球气候治理，推动构建人类命运共同体，加强与各国和国际组织的对话交流，深化双边、多边合作机制，推动国际能源、环境、贸易等规则的改革完善，促进全球绿色低碳转型。

1.2.2.2 《“十三五”节能减排综合工作方案》

《“十三五”节能减排综合工作方案》是国务院于 2016 年 12 月发布的一项重要文件，旨在指导我国在“十三五”时期实现节能减排的目标和任务。该方案从总体要求、主要目标、重点领域等方面对节能减排工作进行了全面部署，体现了我国在应对气候变化、推进生态文明建设、促进经济转型升级等方面的战略意图和决心。

在总体要求方面，该方案强调，节能减排是实现“十三五”规划的重要内容，是推动绿色发展、建设美丽中国的必然要求，是履行国际承诺、参与全球治理的应有担当。该方案要求，坚持以习近平新时代中国特色社会主义思想为指导，贯彻落实新发展理念，坚持节约优先、综合治理、突出重点、创新驱动、协同推进的原则，以供给侧结构性改革为主线，以能源生产和消费革命为引领，以提高能源效率和优化能源结构为重点，以加强顶层设计和制度建设为保障，以加强科技创新和人才培养为支撑，形成绿色低碳循环发展的产业体系、消费模式和生活方式。

在主要目标方面，该方案提出了“十三五”时期节能减排的具体目标，包括：单位国内生产总值能耗比 2015 年下降 15%，单位国内生产总值二氧化碳排放比 2015 年下降 18%，非化石能源占一次能源消费比重达到 15%，森林蓄积量比 2015 年增加 1.3 亿立方米，化学需氧量、氨氮排放量、二氧化硫排放量、氮氧化物排放量分别比 2015 年下降 10%、10%、15%、15%，城市污水处理率达到 95%，城市生活垃圾无害化处理率达到 95%，城市公交出行比例达到 30%以上等。这些目标既符合我国国情和发展阶段，又体现了我国对全球环境治理的贡献和责任。

在重点领域方面，该方案确定了“十三五”时期节能减排的八个重点领域，分别是工业领域、建筑领域、交通运输领域、公共机构领域、居民生活领域、农业领域、电力领域和环境保护领域。针对每个领域的特点和问题，该方案提出了具体的措施和任务，如加快淘汰落后产能和过剩产能，推进清洁高效利用煤炭，发展高效节能设备和技术，推广绿色建筑和建筑节能改造，加强城市公共交通系统建设和管理，提高公共机构节能管理水平和能源使用效率，引导居民形成节约用水的生活方式等。

1.2.2.3 《中华人民共和国国民经济和社会发展第十四个五年规划和 2035 年远景目标纲要》

《中华人民共和国国民经济和社会发展第十四个五年规划和 2035 年远景目标纲要》(下文简称《"十四五"规划纲要》)是我国在新发展阶段,实现高质量发展的重要指导文件。在能源转型、交通绿色化、建筑节能等方面,《"十四五"规划纲要》提出了明确的目标和措施,体现了我国推进绿色低碳发展,实现碳达峰、碳中和的决心和行动。

在能源转型方面,《"十四五"规划纲要》提出,到 2025 年,非化石能源消费比重提高到 20%左右,清洁能源发电量比重达到 39%左右,能源消费总量控制在 50 亿吨标准煤以内,单位国内生产总值二氧化碳排放比 2015 年下降 18%以上。

在交通绿色化方面,《"十四五"规划纲要》提出,到 2025 年,公路客运量占比达到 75%以上,铁路货运量占比达到 17%以上,新能源汽车新车销量占比达到 20%左右。

在建筑节能方面,《"十四五"规划纲要》提出,到 2025 年,全社会建筑节能管理水平显著提高,建筑节能技术装备水平大幅提升。

为了实现这些目标,我国将加快推进能源结构调整和优化,大力发展风电、光伏、水电等可再生能源,加快淘汰落后的燃煤发电机组,推进天然气、核能等清洁能源的合理利用。同时,我国将加强交通基础设施建设和改造,优化公共交通服务体系,鼓励使用低排放或零排放的交通工具,提高交通运输效率和安全性。此外,我国将加大对建筑节能的政策支持和监督管理,推广绿色建筑理念和技术标准,促进建筑节能产品的研发和应用。通过这些措施,我国将有效降低能源消耗和温室气体排放,为全球应对气候变化作出积极贡献。

低碳基础设施是实现碳中和与可持续发展的重要手段,也是应对气候变化的迫切需要。国际和国内的政策框架为建设低碳基础设施提供了方向和支持,但仍然存在一些挑战。因此,需要各方加强合作,共同推动低碳基础设施的高质量发展。

1.3 低碳基础设施建设面临的挑战

低碳基础设施是应对气候变化和促进可持续发展的重要手段，在建设和运行中也面临着多方面的挑战。

1.3.1 技术挑战

低碳基础设施建设虽然是有益的，但需要运用高级技术和材料，如可再生能源、智能电网、节能建筑、碳捕集与封存等。这些技术和材料的成本较高，技术成熟度尚不充分，因此推广应用存在一定难度。为了解决这些问题，需要相应的研究和开发以及与相关的国家或地区开展合作，共同促进技术的转移和扩散，提高技术的适应性和可靠性。

1.3.2 经济挑战

低碳基础设施建设需要大量的投资，回收期较长，风险较大。但目前的资金来源和机制不足以满足需求，市场机制和政策激励还不完善，不能充分反映低碳基础设施建设的社会效益和环境效益，导致投资者缺乏动力和信心。因此，需要制定更好的政策和机制，创新和扩大公共和私人资金的来源和渠道，提高资金的使用效率和效果，降低资金的使用风险和成本，以吸引更多的投资。

1.3.3 社会挑战

低碳基础设施建设涉及多个部门和利益相关方，需要协调各方的需求和利益，形成合力。然而，目前的社会认知和行为还不足以支持低碳基础设施建设，存在一定的抵触和阻力。因此，需要加强对公众的宣传和教育，提高社会认知和参与度。

1.3.4 制度挑战

低碳基础设施建设需要有完善的法律法规、标准规范、监测评估等制度保障，以规范和引导各方的行为。然而，目前的制度框架还不健全，存在一些漏洞和不足。因此，需要不断完善制度框架，加强监管和评估。

1.3.5 评价挑战

低碳基础设施的监测需要评估其对气候变化和可持续发展的影响，但目前的评价方法和数据不够准确和全面。因此，需要完善和统一低碳基础设施的监测体系和评价方法，收集和分析低碳基础设施的数据和信息，提高监测的准确性和全面性。

第二章　低碳基础设施的分类和特征

第一章介绍了低碳基础设施的概念、目标、意义和挑战，本章将继续阐述低碳基础设施的定义，以及与传统基础设施、绿色基础设施、可持续基础设施等概念的异同，介绍低碳基础设施的分类方法，并针对不同类别的低碳基础设施分析其主要的特征。

2.1　低碳基础设施的定义和范围

低碳基础设施是指在建设、运行和维护过程中，能够有效减少温室气体排放和资源消耗的基础设施。低碳基础设施的建设和运行可以减少对环境的影响，提高资源利用效率，同时也可以促进经济发展和社会进步。与传统基础设施相比，低碳基础设施更加注重环境保护和资源利用效率。与绿色基础设施相比，低碳基础设施更加注重减少温室气体排放和碳足迹。与可持续基础设施相比，低碳基础设施更加注重减少对环境的影响和提高资源利用效率。低碳基础设施不仅包括传统意义上的交通、能源、水利、通信等基础设施，还包括城市绿化、生态修复、固废处理、碳汇建设等新型基础设施。

在能源领域，低碳基础设施包括可再生能源发电设施、能源储存设施、智能电网等。在交通领域，低碳基础设施包括公共交通设施、电动汽车充电设施、自行车道等。在水利领域，低碳基础设施包括水资源利用设施、水污染治理设施等。在建筑领域，低碳基础设施包括节能建筑、绿色建筑等。在城市领域，低碳基础设施包括城市绿化、城市公共设施等。

低碳基础设施的范围可以从单个项目扩展到整个区域或系统，如低碳产业园区、低碳社区、低碳城市、低碳服务区、低碳高速公路等。低碳基础设施的评价和认证需要综合考虑其在全生命周期内的温室气体排放量、能源消耗量、可再生能源比例、气候适应性、社会效益、经济效益和环境效益等多个指标。

2.2 低碳基础设施的发展现状和趋势

随着全球气候变化和环境污染问题的日益严重，低碳基础设施的建设和运营已经成为全球关注的焦点。根据国际能源署(IEA)的报告，全球每年需要投入约 6 万亿美元用于基础设施建设，其中约 60%用于发展中国家。如果按照目前的投资模式，到 2050 年，全球基础设施将导致温室气体排放增加 50%，远超过控制全球升温在 2 ℃以内的目标。因此，加快推进低碳基础设施建设，是实现全球减排目标和应对气候风险的关键。

目前，为了减少温室气体排放和资源消耗，促进经济发展和社会进步，全球各国都在积极推进低碳基础设施的建设和运行。在能源领域，全球各国都在积极推进可再生能源的发展和利用。目前，全球可再生能源发电装机容量已经超过 2 万亿瓦，占全球总装机容量的 30%以上。在交通领域，各国都在积极推广电动汽车和公共交通工具，以减少对环境的影响。在水利领域，各国都在积极推进水资源的利用和管理，以保护水资源和减少水污染。在建筑领域，各国都在积极推广节能建筑和绿色建筑，以减少能源消耗和环境污染。在城市领域，各国都在积极推进城市绿化和城市公共设施建设，以提高城市环境质量和居民生活水平。

各国在低碳基础设施方面已经取得了一些进展，但仍面临着诸多挑战。一方面，低碳基础设施的概念和标准尚不统一，缺乏权威的评价和认证机制，难以达成共识和信任。另一方面，低碳基础设施的投资成本较高，回收期较长，风险较大，缺乏有效的融资渠道和激励机制，难以吸引足够的资金支持。此外，低碳基础设施的建设还需要考虑与现有基础设施的兼容性和协调性，避免造成资源浪费和环境污染。

为了促进低碳基础设施的发展，国际社会已经采取了一些举措。例如，联合国开发计划署（UNDP）的可持续能源中心（Sustainable Energy Hub）与各国合作，建立以公正、可持续的能源转型为驱动力的零净排放、以人为本的社会。该类合作的重点领域包括能源、交通、建筑和数字基础设施等。同时，各国政府也在积极出台政策和法规，鼓励和支持低碳基础设施的建设和运行。例如，中共中央办公厅、国务院办公厅于 2021 年 10 月 21 日印发了《关于推动城乡建设绿色发展的意见》，要求开展绿色建造示范工程创建行动，推广绿色化、工业化、信息化、集约化、产业化建造方式，利用新技术实现精细化设计和施工，大力发展装配式建筑，完善绿色建材产品认证制度，加强建筑材料循环利用，推动传统建筑业转型升级，改革建筑劳动用工制度，加快推进工程造价改革。为推动装配式建筑、钢结构建筑发展，主要采取以下措施：一是构建标准化设计和生产体系，编制《装配式住宅设计选型标准》，推行“少规格、多组合”的正向设计方法，扩大标准化构件生产使用规模，推动装配式建筑市场化、规模化发展。二是不断完善适用于不同建筑类型的装配式混凝土建筑结构体系，加快打通钢结构住宅设计、生产、施工等产业链。三是加大推广力度，指导地方在保障性住房和商品住宅中积极应用装配式混凝土结构，积极开展钢结构住宅试点，鼓励医院、学校等公共建筑优先采用钢结构。美国政府于 2015 年 8 月出台了《清洁能源计划》，旨在限制美国国内电厂的碳排放，促进清洁能源的发展和使用。欧盟在应对气候变化方面一直走在全球前沿，制定了雄心勃勃的减排目标和长期战略，推出了一系列的政策和法规，以促进低碳能源、交通、建筑、工业等领域的发展。欧洲议会于 2022 年 9 月通过的《可再生能源指令》（RED）修正案要求将 2030 年可再生能源占总能源消费比例的目标提升至 45%，其中可再生燃料在交通运输业的占比提升至 29%。除了政策和法规的支持，低碳基础设施的发展还需要各方面的合作和协调。政府、企业、社会组织和公众都应该积极参与低碳基础设施的建设和运营。政府应该加强政策引导和投入支持，企业应该加强技术创新和市场拓展，社会组织应该加强宣传和推广，公众应该加强环保意识和参与度。

总之，低碳基础设施的建设和运营是全球应对气候变化和环境污染的重要举措。未来，低碳基础设施的发展趋势将更加明显，各国将更加注重低碳基础设施的建设和运营。同时，随着科技的不断进步和创新，低碳基础设施的技术水平将不断提高，成本效益将不断提高，环境效益和社会效益也将不断提高。

2.3 低碳基础设施的分类方法

低碳基础设施可以按照功能、技术、影响等进行分类。

2.3.1 按照功能分类

按照功能分类是最常见的低碳基础设施分类方法，它将低碳基础设施按照其所属的领域进行分类。按照功能分类，低碳基础设施可以分为以下五类。

2.3.1.1 能源基础设施

能源基础设施是指能源生产、传输、储存和使用的基础设施。低碳能源基础设施包括可再生能源发电设施、能源储存设施、智能电网等。可再生能源发电设施包括太阳能发电、风能发电、水能发电、生物质能发电等。能源储存设施包括电池储能、压缩空气储能、水泵储能等。智能电网是指通过信息技术实现电力系统的智能化管理和优化调度，提高电力系统的可靠性、安全性和经济性。

2.3.1.2 交通基础设施

交通基础设施是指交通运输的基础设施，包括道路、铁路、航空、水运等。低碳交通基础设施包括公共交通系统、智能交通管理系统、电动汽车充电系统、非机动车道等，这些设施能够减少交通运输部门的能源消耗和碳排放，提高出行效率和便利性，改善城市空气质量和交通安全。公共交通系统包括地铁、轻轨、公交车等，它们可以减少汽车的使用，降低交通拥堵和环境污染。电动汽车充电系统是指为电动汽车提供充电服务的设施，它可以促进电动汽车的普及和使用。非机动车道是指为自行车提供的专用道路，它可以鼓励人们骑自行车出行，减少汽车的使用。

2.3.1.3 水利基础设施

水利基础设施是指水资源的开发、利用和保护的基础设施，包括水库、水闸、引水渠道、灌溉系统、排水系统、防洪工程、水污染治理工程等。低碳水利基础设施包括节水灌溉系统、雨水收集利用系统、污水处理回用系统、海水淡化系统等，能够优化水资源的配置和利用，减少水资源的浪费和污染，保障水资源的安全和质量。

节水灌溉系统可以根据作物的需水量和土壤水分状况，自动控制灌溉时间和水量，避免资源浪费和过度灌溉。节水灌溉系统还可以利用雨水、地下水等非传统水源进行灌溉，减少对地表水的依赖，保护水资源。雨水收集利用系统是一种通过收集和利用雨水，减少城市排水量，提高水资源利用效率的系统。雨水收集利用系统可以通过屋顶、道路、广场等表面的排水系统，将雨水收集到储水池中，再通过过滤、消毒等处理，用于冲厕、洗衣、浇花等非饮用水用途。我国近年来大规模推行的“海绵城市”建设就是要将雨水收集利用的思想落实到城市建设中。污水处理回用系统可以减少城市排水压力，降低污水处理成本，同时也可以节约自来水资源。海水淡化系统可以利用海水资源，解决干旱地区和海岛地区的淡水短缺问题。海水淡化系统采用的技术主要有蒸馏法、反渗透法、电渗析法等，可以根据不同的水质和用途选择合适的技术。海水淡化系统可以为人们提供可靠、安全、清洁的淡水资源，促进经济和社会的可持续发展。除此之外，远距离调水工程也是解决区域水资源不足的方法。

2.3.1.4 建筑基础设施

建筑基础设施是指建筑物的基础设施，包括供水、供电、供气、通风、排水等。低碳建筑基础设施包括节能建筑、绿色建筑、被动式节能建筑、分布式建筑能源系统、智能楼宇管理系统等。这些设施能够降低建筑部门的能源需求和排放，提高建筑物的舒适性和功能性，延长建筑物的使用寿命和价值。

节能建筑是指通过采用节能材料、节能技术和节能设计，减少建筑物的能耗。绿色建筑是指通过采用环保材料、环保技术和环保设计，减少建筑物对环境的影响。被动式节能建筑是指采用被动式节能屋标准设计和建造的建筑，它可以实现极低的能耗和高效的能源利用。分布式建筑能源系统是指将建筑内部的能源生产、储存和使用分散到不同的地点，通过互联网等技术进行集成和管理的能源系统。与传统的集中式建筑能源系统相比，分布式建筑能源系统具有更高的能源利用效率、更低的能源损耗和更少的环境污染。分布式建筑能源系统包括太阳能、风能、地热能等可再生能源和燃气、燃油等传统能源，可以为建筑提供可靠、安全、清洁的能源服务。智能楼宇管理系统是指通过物联网、云计算、大数据等技术对楼宇进行智能化管理的系统，可以实现对楼宇内部的照明、空调、电梯、安防等设备进行集中控制和管理，提高楼宇的能源利用效率。

2.3.1.5 城市基础设施

城市基础设施是指城市的基础设施，包括供水、供电、供气、通信、交通、环境卫生等。低碳城市基础设施包括城市绿化、城市公共设施、城市智能化等。城市绿化是指通过植树造林、建设公园等方式，增加城市的绿化覆盖率，改善城市环境。城市公共设施包括公共厕所、垃圾处理设施、公共广场等，它可以提高城市的公共服务水平。城市智能化是指通过信息技术实现城市的智能化管理和优化调度，提高城市的可靠性、安全性和经济性。

2.3.2 按照技术分类

按照其所采用的技术，低碳基础设施可以分为以下四类。

2.3.2.1 可再生能源技术

可再生能源技术是指利用太阳能、风能、水能、生物质能等可再生能源进行能源生产的技术。可再生能源技术包括太阳能发电、风能发电、水能发电、生物质能发电等。这些技术可以减少对化石能源的依赖，降低温室气体排放，实现能源的可持续发展。

2.3.2.2 节能技术

节能技术是指通过采用节能材料和节能设计，减少能源消耗的技术。节能技术包括节能灯具、节能空调、节能建筑等。这些技术可以减少能源消耗，降低能源成本，提高能源利用效率。

2.3.2.3 清洁能源技术

清洁能源技术是指利用清洁能源进行能源生产的技术。清洁能源技术包括核能技术、天然气技术等。这些技术可以减少对化石能源的依赖，降低温室气体排放，实现能源的清洁化。

2.3.2.4 智能控制技术

智能控制技术是指通过信息技术实现设备的智能化管理和优化调度的技术。智能控制技术包括智能电网、智能交通、智能建筑等。这些技术可以提高设备的可靠性、安全性和经济性，实现能源的智能化管理和优化调度。

2.3.3 按照影响分类

按照影响分类是指按照低碳基础设施对环境、经济和社会的影响进行分类。

首先是低碳基础设施对环境的影响。低碳基础设施可以减少温室气体排放、降低污染物排放、保护生态环境等，但是低碳基础设施的建设和运营也会对环境产生一定的影响，如土地占用、水资源消耗、噪声污染等。因此，在低碳基础设施的建设和运营过程中，需要充分考虑环境保护的问题，采取有效的措施减少环境影响。

其次是低碳基础设施对经济的影响。低碳基础设施可以促进经济发展、提高能源利用效率、降低能源成本等，但是低碳基础设施的建设和运营也需要投入大量的资金和人力，可能会对经济造成一定的负担。因此，在低碳基础设施的建设和运营过程中，需要充分考虑经济效益的问题，采取有效的措施降低成本，提高效益。

最后是低碳基础设施对社会的影响。低碳基础设施可以提高人们的生活质量、改善城市环境、促进社会和谐等，但是低碳基础设施的建设和运营也可能会对社会产生一定的影响，如减少就业机会、影响社会安全等。因此，在低碳基础设施的建设和运营过程中，需要充分考虑社会影响的问题，采取有效的措施促进社会和谐发展。

2.3.4 各分类方法的优缺点和适用性

按照功能分类的优点是清晰明了，易于理解和应用，可以帮助人们更好地了解低碳基础设施在不同领域的应用情况和发展趋势。按照功能分类的缺点是过于简单，不能深入了解低碳基础设施的技术特点和影响。按照技术分类的优点是可以深入了解低碳基础设施的技术特点和发展方向，可以帮助人们更好地了解低碳基础设施的技术特点和发展趋势。按照技术分类的缺点是过于专业化，不易理解和应用。按照影响分类的优点是可以全面了解低碳基础设施的影响和效益，可以帮助人们更好地了解低碳基础设施对环境、经济和社会的影响。按照影响分类的缺点是过于抽象，不易理解和应用。

不同的分类方法各有优缺点和适用场合。在实际应用中，需要根据具体情况选择合适的分类方法。例如，在制定低碳基础设施规划时，可以采用按照功能分类的方法，以了解不同领域的低碳基础设施的发展情况和需求。在研究低碳技术创新时，可以采用按照技术分类的方法，以了解不同技术的特点和发展趋势。在评估低碳基础设施的影响时，可以采用按照影响分类的方法，以了解低碳基础设施对环境、经济和社会的影响。除了以上三种分类方法，还有一些其他的分类方法，如按照地域分类、按照产业分类等。按照地域分类是将低碳基础设施按照其所在的地域进行分类。按照产业分类是将低碳基础设施按照其所属的产业进行分类。这些分类方法也可以在实际应用中根据需要进行选择。总之，低碳基础设施的分类方法是多种多样的，每种分类方法都有其优缺点和适用场合。在实际应用中，需要根据具体情况选择合适的分类方法，以更好地了解低碳基础设施的特点和发展趋势，促进低碳经济的发展。

2.4 低碳基础设施的特征分析

不同类别的低碳基础设施具有不同的特征，下面分别对不同类别的低碳基础设施进行特征分析。

2.4.1 低碳能源基础设施特征分析

技术水平：低碳能源基础设施包括太阳能、风能、水能等能源基础设施，技术水平相对较高。

成本效益：低碳能源基础设施建设成本较高，但长期来看，可以降低能源消耗、减少碳排放等，具有较高的成本效益。

环境效益：低碳能源基础设施可以减少碳排放，降低空气污染，保护环境。

社会效益：低碳能源基础设施可以提高能源利用效率，改善能源供应条件，提高居民生活质量。

2.4.2 低碳交通基础设施特征分析

技术水平：低碳交通基础设施包括公共交通、非机动车道、智能交通管理系统、电动汽车充电桩等，其中公共交通、非机动车道等技术水平相对较成熟，而智能交通管理系统、电动汽车充电桩等技术水平相对较高。

成本效益：低碳交通基础设施建设成本较高，但长期来看，可以降低交通拥堵、减少空气污染等，具有较高的成本效益。

环境效益：低碳交通基础设施可以减少汽车尾气排放，降低空气污染，保护环境。

社会效益：低碳交通基础设施可以提高城市交通效率，改善居民出行条件，提高居民生活质量。

2.4.3 低碳水利基础设施特征分析

技术水平：低碳水利基础设施包括雨水收集利用系统、海水淡化系统等，技术水平相对较高。

成本效益：低碳水利基础设施建设成本较高，但长期来看，可以节约水资源、降低能源消耗等，具有较高的成本效益。

环境效益：低碳水利基础设施可以减少水资源浪费，降低能源消耗，保护环境。

社会效益：低碳水利基础设施可以提高水资源利用效率，改善水资源供应条件，提高居民生活质量。

2.4.4 低碳建筑基础设施特征分析

技术水平：低碳建筑基础设施包括节能建筑、绿色建筑等，技术水平相对较高。

成本效益：低碳建筑基础设施建设成本较高，但长期来看，可以降低能源消耗、减少碳排放等，具有较高的成本效益。

环境效益：低碳建筑基础设施可以减少能源消耗，降低碳排放，保护环境。

社会效益：低碳建筑基础设施可以提高建筑品质，改善居住环境，提高居民生活质量。

2.4.5 低碳城市基础设施特征分析

技术水平：低碳城市基础设施包括智能城市、低碳社区等，技术水平相对较高。

成本效益：低碳城市基础设施建设成本较高，但长期来看，可以提高城市管理效率、改善城市环境等，具有较高的成本效益。

环境效益：低碳城市基础设施可以减少碳排放，降低空气污染，保护环境。

社会效益：低碳城市基础设施可以提高城市管理效率，改善城市环境，提高居民生活质量。

不同类别的低碳基础设施之间存在联系，如低碳能源基础设施和低碳建筑基础设施可以相互配合，提高能源利用效率和建筑品质；低碳交通基础设施和低碳城市基础设施可以相互配合，提高城市交通效率和城市管理效率；低碳水利基础设施和低碳生态基础设施可以相互配合，保护水资源和生态环境。

综上所述，低碳基础设施的建设和运营可以减少对环境的影响，提高资源利用效率，同时也可以促进经济发展和社会进步。不同类别的低碳基础设施具有不同的特征，需要政府和企业的大力支持和投入。未来，低碳基础设施的发展趋势将更加明显，技术水平、成本效益、环境效益和社会效益也将不断提高。

第三章　低碳基础设施的评估方法和指标

3.1　低碳基础设施的评估方法

为了确保低碳基础设施符合低碳发展的要求，需要对其进行评估。低碳基础设施评估是一种评估低碳基础设施效果和效益的方法。常用的评估方法包括生命周期分析（Life Cycle Assessment，LCA）、成本效益分析（Cost-Benefit Analysis，CBA）、多标准决策分析（Multi-Criteria Decision Analysis，MCDA）等方法。

3.1.1　生命周期分析

生命周期分析是一种评估产品或服务在整个生命周期内对环境的影响的方法，也称为“从摇篮到坟墓”的分析。生命周期分析可以帮助企业、政府和消费者了解产品或服务的环境优劣，选择更可持续的方案，改进产品设计和管理，降低资源消耗和污染排放，提高环境绩效和竞争力。

生命周期分析的原理是基于系统思考，将产品或服务的生命周期划分为若干个阶段，如原材料开采、加工、运输、使用、回收和处理等，然后对每个阶段的输入和输出进行数据收集和量化，最后通过一定的模型和方法对这些数据进行归类、标准化、权重分配和综合评价，得到产品或服务对环境造成的各种潜在影响，如温室效应、酸雨、臭氧层损耗、人体健康风险等。生命周期分析的应用场景很广泛，可以涉及各种行业和领域，如能源、交通、建筑、农业、制造、消费品等。

应用生命周期分析的原理评估一座建筑物或者基础设施的环境影响时，可以将建筑物或基础设施的整个生命周期分为不同的阶段，在每个阶段评估建筑物对环境的影响，包括能源消耗、碳排放、水资源利用等方面。通过对每个阶段的环境影响进行评估，确定建筑物的整体环境影响，确定低碳基础设施的环境优劣势，为低碳基础设施的设计和改进提供依据。目前，对基础设施全生命周期的碳排放分析是应用最多的评估方法。

生命周期分析的实施步骤为：第一，确定评估目标和范围。确定评估的目标和范围包括评估的对象、评估的时间和空间范围等。在确定评估目标和范围时，需要考虑评估的目的和受众，以及评估的可行性和可靠性。第二，收集数据。收集评估对象的数据包括原材料采购、生产、使用、维护、再利用或废弃等各个环节的数据。数据的收集需要考虑数据的可靠性和完整性，以及数据的来源和获取方式。第三，建立模型。建立评估模型包括建立物质流模型和能量流模型等。物质流模型是指评估对象在整个生命周期内的物质流动情况，包括原材料采购、生产、使用、维护、再利用或废弃等各个环节的物质流动情况。能量流模型是指评估对象在整个生命周期内的能量流动情况，包括能源消耗、碳排放等方面。第四，分析评估结果。分析评估结果包括环境影响、能源消耗、碳排放、水资源利用等方面。在分析评估结果时，需要考虑评估对象的整体环境影响，以及各个环节的环境影响。第五，提出建议。根据评估结果，提出改进建议，包括改进设计、改进生产工艺、改进使用方式等。在提出建议时，需要考虑评估对象的整体环境影响、各个环节的环境影响，以及改进的可行性和可靠性。

以下将建筑生命周期分为建造施工阶段、使用维护阶段、拆除回收阶段三个阶段，运用碳排放因子方法计算碳排放量，构建碳排放核算模型。

(1)建造施工阶段。建造施工阶段碳排放增量计算公式为：

$$E=E_{11}+E_{12}+E_{13} \tag{3-1}$$

式中，E_{11}、E_{12}、E_{13}分别为普通建筑建材生产过程、运输过程和施工过程中的碳排放量。

建材生产过程中的碳排放量计算公式为：

$$E_{11}=\sum[p_i\times q_i\times(1-a_i)] \tag{3-2}$$

式中，p_i 为第 i 类低碳建筑材料排放因子；q_i 为第 i 类建材消耗量；a_i 为第 i 类低碳建材的回收系数。

运输过程中的碳排放量计算公式为：

$$E_{12}=\sum(p_i\times S_i\times q_i\times k) \tag{3-3}$$

式中，q_i 为第 i 种运输工具百千米耗油量；S_i 为第 i 种运输工具里程数；p_i 为第 i 种运输工具所耗能源的碳排放因子；k 为换算系数(体积和质量之间)。

施工过程中的碳排放量计算公式为：

$$E_{13}=\sum(q_i\times p_i\times r_i) \tag{3-4}$$

式中，q_i 为第 i 种施工机械每台班的耗能源量；r_i 为第 i 种施工机械台班数；p_i 为第 i 种施工机械的碳排放因子。

(2)使用维护阶段。使用维护阶段碳排放增量计算公式为：

$$E=E_{21}+E_{22} \tag{3-5}$$

式中，E_{21} 为使用阶段能源消耗碳排放量；E_{22} 为维修翻新碳排放量。

使用阶段中的碳排放量计算公式为：

$$E_{21}=\sum(q_i\times m\times p_i) \tag{3-6}$$

式中，q_i 为低碳建筑中第 i 种能源年平均消耗量；m 为使用年限；p_i 为第 i 种能源碳排放因子。

维修翻新的碳排放核算主要包括建材和能源的消耗，可根据已有的建筑维修翻新记录统计维修翻新工程所消耗建材种类、数量以及机械台班使用量。如所要核算的工程正在使用阶段或尚未投入使用，则可以在计算时参考物化阶段的碳排放量乘以适宜的系数来进行估算。

(3)拆除回收阶段。据已有的研究分析，此阶段的碳排放增量计算公式为：

$$E=E_{31}+E_{32}+E_{33} \tag{3-7}$$

式中，E_{31} 为拆除阶段施工机械能耗碳排放量；E_{32} 为运输消耗能源碳排放量；E_{33} 为可回收利用部分碳排放量。

拆除的建筑废弃物直接装车运输填埋处理，对于这部分的碳排放只需计算建筑垃圾运输的能源消耗碳量,没有具体数值时可按建材的 80%进行估算;可回收处理部分则需计算将可回收部分运输至工厂的能耗和再加工过程产生的碳排放。废弃物的回收利用是指经回收处理成为再生建筑材料的过程,而此过程产生的温室气体排放则纳入碳排放计算范围内。

生命周期分析的实施需要考虑数据的可靠性和完整性,以及评估的可行性和可靠性。在实施过程中,需要与相关部门和机构进行合作,共同收集和分析数据,以确保评估的准确性和可靠性。同时,需要不断改进评估方法和指标,以适应低碳基础设施的发展需求。

3.1.2 成本效益分析

成本效益分析是一种经济学方法,用于评估一个项目或政策的成本和收益。它是一种系统性的方法,可以帮助决策者在不同的政策或项目之间作出选择。成本效益分析的基本原理是比较项目或政策的成本和收益,以确定其是否值得实施。如果项目或政策的收益大于成本,那么它就是值得实施的。成本效益分析可以应用于低碳基础设施建设,以评估其成本和收益。

成本效益分析可以应用于各种低碳基础设施建设项目。在建筑节能领域,通过改善建筑的隔热、采用节能设备等方式,减少能源消耗和碳排放。在公共交通领域,通过建设轨道交通等公共交通设施,鼓励人们通过减少驾车出行来减少碳排放。在建材领域,通过应用低碳节能的建筑材料来减少碳排放。在可再生能源领域,通过建设太阳能、风能等可再生能源设施,减少对化石燃料的依赖,以减少碳排放。在垃圾处理领域,通过建设垃圾分类、焚烧等设施,减少垃圾填埋对环境的影响,以减少碳排放。在水资源管理领域,通过建设高效的水资源利用设施,减少水资源的浪费和污染,以减少碳排放。

成本效益分析的实施步骤包括以下几个方面:

(1)确定项目或政策的目标和范围,包括项目或政策的时间、地点、规模等。

(2)确定项目或政策的成本和收益,包括直接成本、间接成本、直接收益、间接收益等。

(3)评估成本和收益,包括计算成本和收益的现值、净现值、内部收益率等指标。

(4)比较成本和收益，确定项目或政策的成本效益比。

(5)分析敏感性，包括分析成本和收益的变化对成本效益比的影响。

(6)作出决策。根据成本效益比和敏感性分析，作出决策，确定是否实施项目或政策。

成本效益分析的实施需要考虑多个因素，包括政策环境、技术条件、市场需求等。在实施过程中，需要充分考虑各种因素的影响，以确保评估结果的准确性和可靠性。

对于低碳建筑增量成本与效益分析，应该包括以下几个方面：

(1)碳排放成本减少量分析。由于低碳技术的投入，低碳建筑相比于普通建筑在各阶段的碳排放上都有不同程度的降低。我们从建筑全生命周期的角度出发，假设低碳建筑相比于普通建筑在各阶段具有一定的减排率，分析低碳建筑整体上减少的碳排放量。

全生命周期低碳建筑的碳排放成本减少量为：

$$H=(E_1\times\eta_1+E_2\times\eta_2+E_3\times\eta_3)\times C \tag{3-8}$$

式中，H 为低碳建筑相比普通建筑在全生命周期内减少的碳排放成本；E_1、E_2、E_3 分别为普通基准建筑建造施工阶段、使用维护阶段、拆除处理阶段的碳排放；η_1、η_2、η_3 分别为建造施工阶段、使用维护阶段、拆除处理阶段的减排率；C 为碳排放交易市场碳的单位交易成本。

(2)低碳建筑增量成本分析。低碳建筑的增量成本指为了达到某一低碳标准而在低碳投资上额外增加的成本投入。通过选择低碳的建筑类型、建筑设计方案来降低建筑的碳排放，其中包括采用合理的围护结构、智能照明系统、高效制冷采暖系统、相关节水技术、可再生能源利用等措施。低碳增量成本可分为低碳建筑设计增量成本、低碳材料增量成本、低碳能源利用增量成本和低碳设备增量成本。

增量成本(NPV_{LCC})的计算公式为：

$$NPV_{LCC}=C_1+C_2+C_3+C_4 \tag{3-9}$$

式中，C_1、C_2、C_3、C_4 分别为低碳建筑设计增量成本、低碳材料增量成本、低碳能源利用增量成本、低碳设备增量成本。

①低碳建筑设计增量成本。在建筑的设计咨询阶段选择低碳的设计方案

决定了建筑的整体成本。但是对于项目本身来说，设计咨询阶段成本所占的全生命周期成本比例小，而且设计咨询增量成本标准不易确定，因此设计增量成本可根据实际情况计算。

②低碳材料增量成本。低碳材料增量成本主要包括使用围护结构的增量成本、使用低碳环保建材的增量成本、结构性废料的处理费用、循环使用建材的处理费用。

③低碳能源利用增量成本。低碳能源利用增量成本指利用可再生资源引起的增量成本，包括太阳能发电照明、使用太阳能热水系统、地热能用于地源热泵、风能发电、非传统水源利用增量成本等。

$$C_3 = \sum_{i=1}^{n} A_i \times p_i - \sum_{j=1}^{m} B_j \times q_j \tag{3-10}$$

式中，i 为可再生低碳能源的种类；A_i 为第 i 种可再生低碳能源的使用量；p_i 为第 i 种可再生低碳能源的单价售价；j 为标准能源种类；B_j 为第 j 种标准能源使用量；q_j 为第 j 种标准能源的单价。

④低碳设备增量成本。低碳设备增量成本包括围护结构增量成本，照明系统增量成本，高效用能设备和系统成本，节水设备和器具费，废水、污水处理系统成本，由于采用灌溉技术和渗透技术增加的成本，其他能量回收系统和室温调节设施等成本。

$$C_4 = S_z + S_l + S_w + S_q \tag{3-11}$$

式中，S_z、S_l、S_w、S_q 分别为高效照明系统增量成本、高效制冷采暖系统增量成本、节水系统设备增量成本、其他设备增量成本。

(3)低碳建筑增量效益分析。进行低碳建筑增量成本的投入，同时也能得到相应的低碳建筑增量效益。为便于进行增量效益的分析比较，模型往往会将其进行量化。在长期的使用过程中，低碳建筑会带来社会、环境、经济三方面的效益。

增量效益($NPV_{S_{增量效益}}$)的计算公式为：

$$NPV_{S_{增量效益}} = M_1 + M_2 + H + A \tag{3-12}$$

式中，M_1 为低碳建筑在全生命周期减少的能源消耗费用；M_2 为低碳建筑在全生命周期减少的废气处理费用；H 为低碳建筑相比普通建筑在全生命周期内减少的碳排放成本；A 为政府的赋税减免、资金补贴等所带来的直接经济效益。

①低碳建筑在全生命周期减少的能源消耗费用。

$$M_1 = \sum_{i=1}^{n} \frac{\Delta E_i}{H_i} p_i + \sum_{t=1}^{T} q_t Q_t \tag{3-13}$$

式中，M_1 为低碳建筑在全生命周期减少的能源消耗费用；ΔE_i 为低碳建筑与普通建筑第 i 种能源的能耗差；H_i 为第 i 种标准能源产生的能量；p_i 为第 i 种标准能源的单位售价；Q_t 为第 i 年总的回用水量；q_t 为第 i 年的水价。

②低碳建筑在全生命周期减少的废气处理费用。

$$M_2 = \sum_{j=1}^{m} p_j Q_j \tag{3-14}$$

式中，M_2 为低碳建筑在全生命周期减少的废气处理费用；Q_j 为低碳建筑与普通建筑第 j 种废气的排放减少量；p_j 为第 j 种废气处理所需的费用。

③低碳建筑在全生命周期减少的碳排放成本。

④政府在支持低碳建筑运营方面采取的一些鼓励措施，如赋税减免、资金补贴等。

⑤顾客的碳敏感需求得到满足以及员工在企业的工作积极性得到提高。

⑥树立起良好的低碳企业形象，带来社会效益。

在上述增量效益中，减少的能源消耗费用、废气处理费用以及碳排放成本所带来的经济效益是直观的、明显的，而政府的鼓励措施也大幅降低了低碳建筑的投资成本。由于目前对于顾客的碳敏感需求、员工积极性以及低碳企业形象所带来效益的量化研究还较少，故我们主要考虑前四个方面的效益所带来的影响。

(4)成本效益分析。将投入成本与取得效益进行对比分析，进而得出建筑项目实施的可行性。首先找出建筑项目中的增量成本与增量效益，然后从经济角度出发，将二者转化成具体的价值数量，最后通过综合效益净现值与增量成本效益比来体现建筑项目的综合效益。

综合效益净现值公式为：

$$SE = NPV_{S_{\text{增量效益}}} - NPV_{LCC} \tag{3-15}$$

增量成本效益比公式为：

$$CE = \frac{SE}{LCC} \tag{3-16}$$

式中，SE 为建筑全生命周期的综合效益；CE 为建筑全生命周期的增量成本效益比；LCC 为建筑全生命周期的增量成本；$NPV_{S_{\text{增量效益}}}$ 为建筑全生命周期的增量效益现值；NPV_{LCC} 为建筑全生命周期的增量成本现值。

如果建筑项目全生命周期的增量成本效益比大于 1，说明该低碳建筑项目在经济上可行。如果建筑项目全生命周期的增量成本效益比小于 1，说明该项目在经济上不可行。

现以某低碳建筑项目为例，进行成本效益分析。低碳建筑增量成本计算根据该项目的设计方案和材料选用情况，计算出低碳建筑设计增量成本、低碳材料增量成本、低碳能源利用增量成本、低碳设备增量成本分别为 100 万元、50 万元、80 万元、30 万元，则该项目的低碳建筑增量成本为 260 万元。

低碳建筑增量效益计算根据该项目的能源利用情况和废气排放情况，计算出低碳建筑在全生命周期减少的能源消耗费用、废气处理费用、碳排放成本分别为 200 万元、50 万元、100 万元，政府的赋税减免、资金补贴等所带来的直接经济效益为 30 万元，则该项目的低碳建筑增量效益为 380 万元。

根据式(3-15)和式(3-16)计算出该项目的综合效益净现值 SE 为 20 万元，增量成本效益比 CE 为 1.08，大于 1。由此可知，该低碳建筑项目在经济上可行。

通过对低碳建筑增量成本及效益模型的研究，我们提出了低碳建筑增量成本计算模型和低碳建筑增量效益计算模型，并通过案例分析进行了成本效益分析。案例结果表明，低碳建筑项目在经济上是可行的，可以为社会、环境和经济带来多方面的效益。

成本效益分析是一种有效的经济学方法，可以应用于低碳基础设施建设的评估。通过成本效益分析的实施，人们可以评估低碳基础设施建设的成本和收益，确定是否值得实施。成本效益分析的实施需要考虑多个因素，包括政策环境、技术条件、市场需求等。在实施过程中，需要充分考虑各种因素的影响，以确保评估结果的准确性和可靠性。

3.1.3 多标准决策分析

多标准决策分析是一种综合考虑多个因素的决策方法。它通过对方案的多个指标进行综合评估，确定最优方案。低碳基础设施的建设需要考虑多个因素，如环境影响、经济效益、社会效益等。传统的决策方法往往只考虑其中一两个因素，难以综合考虑各种因素的权重和影响。而多标准决策分析方法可以将各种因素进行量化和评估，得出最优决策方案。

多标准决策分析方法适用于各种决策场景，特别是在低碳基础设施建设中，更是必不可少的决策方法。在城市交通规划中，需要考虑交通流量、交通安全、环境影响等多个因素；在新能源项目投资中，需要考虑投资成本、发电效益、环境影响等多个因素；在建筑节能设计中，需要考虑建筑材料、建筑结构、能源利用等多个因素。

多标准决策分析方法的实施步骤如下：第一，确定决策目标。确定决策的目标和范围，明确需要考虑的因素。第二，确定决策因素。根据决策目标，确定需要考虑的因素，如经济效益、环境影响、社会效益等。第三，量化因素权重。对各个因素进行量化，确定各个因素的权重。第四，评估方案。对各个方案进行评估，得出各个方案的得分。第五，综合评估。对各个因素的权重和各个方案的得分进行综合评估，选出最优决策方案。第六，决策实施。根据最优决策方案进行决策实施。在低碳基础设施建设中，多标准决策分析方法可以帮助决策者综合考虑各种因素的权重和影响，选出最优决策方案。同时，该方法也可以帮助决策者更好地理解各种因素之间的关系，从而更好地推动低碳基础设施建设。

假设某城市计划建设一条新的地铁线路，为了实现低碳基础设施建设，需要考虑以下因素：碳排放量、经济成本、社会效益。下面是多标准决策分析方法的具体实施步骤：

确定决策目标：评估新地铁线路建设方案在减碳方面的应用。

确定决策因素：考虑碳排放量、经济成本和社会效益三个因素。

量化因素权重：根据实际情况，对三个因素进行量化和评估，确定各个因素的权重。假设碳排放量的权重为40%，经济成本的权重为30%，社会效益的权重为 30%。

评估方案：对各个方案进行评估，得出各个方案的得分。假设有两个建筑方案，分别为方案 A 和方案 B，考虑碳排放量、经济成本、社会效益等因素后，评估结果如表 3-1 所示。

表 3-1 评估结果

因素	方案 A	方案 B
碳排放量/t	1000	2000
经济成本/万元	1000	800
社会效益/万元	500	400
得分	80	60

综合评估：对各个因素的权重和各个方案的得分进行综合评估，得出最优方案。根据权重和得分计算，方案 A 的综合得分为 80 分，方案 B 的综合得分为 60 分。因此，方案 A 是最优决策方案。

决策实施：根据最优决策方案进行决策实施。在这个例子中，决策者应该选择方案 A。

通过以上实施步骤，我们可以看到，多标准决策分析方法可以帮助决策者综合考虑各种因素的权重和影响，选出最优决策方案。该方法可以帮助决策者更好地推动低碳基础设施建设，实现减碳目标。但是，权重的设定是多标准决策分析方法中非常重要的一步，如果权重的设定有变化，结果也会有变化。因此，在实际应用中，权重的设定需要根据实际情况进行调整和优化。同时，为了减少权重设定的主观性，可以采用专家评估、问卷调查等方法，综合考虑各方面的意见和建议，找出更为客观和合理的权重设定。

3.2 低碳基础设施的评估指标

低碳基础设施的评估指标是指用于衡量基础设施在规划、建设、运营和维护过程中，对社会经济发展和生态环境保护的贡献和影响的一系列量化或定性的指标。低碳基础设施的评估指标不仅要反映基础设施的功能和效益，还要考虑其对温室气体排放的控制和减少，以及对应对气候变化的适应能力。低碳基础设施的评估指标可以根据不同的评估目的和对象，分为不同的层级和类别。本书采用的是从宏观到微观、从综合到分项的四级指标体系，即一级指标、二级指标、三级指标和四级指标。一级指标是最高层级的指标，反映了低碳基础设施整体的评估结果，通常是多个二级指标的加权综合。二级指标是按照不同的评估维度划分的指标，本书选择了技术、经济、环境和社会四个方面作为二级指标。三级指标是在二级指标的基础上进一步细化和具体化的指标，反映了低碳基础设施在某一方面的具体表现。四级指标是最低层级的指标，是对三级指标进行量化或定性描述的具体数据或信息。下面分别从技术、经济、环境和社会四个方面介绍低碳基础设施评估指标的分类，阐述各个指标的含义、重要性和测量方法。

3.2.1 技术指标

技术指标是反映低碳基础设施在技术层面的优劣程度的指标，主要包括技术成熟度、能源利用效率和碳排放量三个方面。

技术成熟度是指低碳基础设施所采用的技术在理论研究、实验验证、工程应用等方面达到的水平，通常用技术成熟度等级来表示。

能源利用效率是指低碳基础设施在运行过程中，所消耗能源与所提供服务之间的比值，通常用单位服务能耗或单位能耗服务量来表示。

碳排放量是指低碳基础设施在建设和运营过程中，直接或间接排放到大气中的温室气体总量，用二氧化碳当量表示，如基础设施建造阶段单位设施面积的碳排放量。2021 年 9 月，住房城乡建设部发布《建筑节能与可再生能源利用通用规范》(GB 55015—2021)，强制要求对建筑碳排放进行计算。计算方法可以按照国家标准《建筑碳排放计算标准》(GB/T 51366—2019)开展。该标准明确了建筑碳排放计算标准，明确了建筑物排放的定义、计算边界、排放因子以及计算方法。

3.2.2 经济指标

经济指标是指反映低碳基础设施的经济效益和成本的指标，主要包括投资成本、运营成本和成本效益比。投资成本是指为实现低碳基础设施项目的目标而需要投入的资金，包括土地、建筑、设备、设计、施工等方面的费用。计算公式如下：

投资成本＝土地征用费＋设计费＋施工费＋设备采购费＋其他费用 (3-17)

投资成本反映了低碳基础设施项目的初始经济负担，也是评价项目可行性和吸引力的重要因素。投资成本越低，表明项目越容易实施和推广。

运营成本是指在低碳基础设施项目运行期间所需支付的费用，包括能源、维护、管理、废物处理等方面的费用。计算公式如下：

运营成本＝能源消耗费＋维护保养费＋人员管理费＋其他费用 (3-18)

运营成本反映了低碳基础设施项目的持续经济负担，也是评价项目效率和节约性的重要因素。运营成本越低，表明项目越能节省资源和减少碳排放。

成本效益比是指低碳基础设施项目所带来的经济效益与所需支付的总成本之间的比值，通常用净现值法或内部收益率法进行计算。计算公式如下：

$$\text{成本效益比}=\frac{\text{总效益}}{\text{总成本}} \tag{3-19}$$

总效益包括环境效益、社会效益和经济效益，也包括项目所减少的温室气体排放、创造的收入、节约的费用、增加的就业、提高的社会福利等方面，具体应根据不同的低碳基础设施项目而定。成本效益比反映了低碳基础设施项目的综合经济效果，也是评价项目合理性和优先性的重要因素。成本效益比越高，表明项目越具有经济价值和社会意义。例如，对于一座风力发电厂，其总效益可以包括节约化石能源、减少温室气体排放、创造就业机会、增加税收收入等。

为了说明经济指标的计算方法，以下给出一个简单的计算例子：假设有两个相同规模和功能的基础设施项目 A 和 B，其中 A 是传统的高碳项目，B 是低碳项目。

两个项目的相关经济指标分别为：

项目 A：

$$投资成本=1000\ 万元$$

$$运营成本=200\ 万元/年$$

$$总效益=300\ 万元/年$$

$$运行一年后的成本效益比=\frac{300}{1000+200}=0.25$$

项目 B：

$$投资成本=1200\ 万元$$

$$运营成本=150\ 万元/年$$

$$总效益=400\ 万元/年$$

$$运行一年后的成本效益比=\frac{400}{1200+150}=0.296$$

从上面的计算结果可以看出，虽然低碳项目 B 的投资成本比高碳项目 A 高出 20%，但是其运营成本却低了 25%，总效益也高了 33.3%。因此，低碳项目 B 的成本效益比也高于高碳项目 A，说明低碳项目 B 在经济上更有优势。这个例子表明，经济指标可以用来评价不同类型的基础设施项目的经济性，从而为决策者提供有用的参考信息。

3.2.3 环境指标

环境指标是评估指标体系的重要组成部分，本部分将对低碳基础设施评估指标体系的环境指标进行分析和讨论，包括环境指标的定义和分类、环境指标的选择和权重、环境指标的计算和评价方法等。

3.2.3.1 环境指标的定义和分类

环境指标是反映基础设施对环境影响的量化或定性的参数，可以从不同的角度和层次对基础设施的环境绩效进行评价。根据不同的评价目的和对象，环境指标可以分为以下几类：

生命周期环境指标：反映基础设施在整个生命周期（包括规划、设计、建造、运营、维护和拆除)中对环境的影响,如温室气体排放量、能源消耗量、水资源消耗量等。

功能环境指标:反映基础设施在提供特定功能或服务时对环境的影响,如单位人口或单位面积的温室气体排放强度、能源消耗强度、水资源消耗强度等。

相对环境指标:反映基础设施与其他参考对象(如同类基础设施、国家或地区平均水平、最佳实践等)在环境绩效上的差异或比较,如温室气体排放减排率、能源消耗节约率、水资源利用效率等。

综合环境指标:反映基础设施在多个方面或维度对环境的影响,如生态足迹、碳足迹、水足迹等。

3.2.3.2 环境指标的选择和权重

环境指标的选择应根据评估目标、评估范围、数据可得性、计算可行性等因素进行综合考虑,遵循科学性、客观性、可比性、可操作性等原则。一般来说,环境指标应具有以下特征:反映基础设施对环境的主要影响,覆盖不同的生命周期阶段和功能领域;区分不同类型和规模的基础设施,在相同条件下具有一致性和稳定性;与其他相关指标进行关联和整合,形成完整和系统的评估体系;获取可靠和准确的数据,计算方法简单并易于理解。

环境指标的权重是反映不同指标在评估体系中的相对重要性或贡献度的系数,通常由专家或利益相关者通过多属性决策方法(如层次分析法、模糊综合评价法等)确定。权重的确定应考虑评估目标、评估范围、评估对象、评估方法等因素,遵循公正、合理、可信、可行等原则。在确定权重时,应充分考虑不同环境指标的重要性和影响程度,以及不同利益相关者的需求和利益,同时应注意权重的稳定性和可调性,以便在评估过程中进行灵活调整和优化。

3.2.3.3 环境指标的计算和评价方法

环境指标的计算和评价方法应根据不同的指标类型和评估目的进行选择和应用,遵循科学性、准确性、可靠性、可重复性等原则。一般来说,环境指标的计算和评价方法可以采用以下几种方式:

直接测量法:通过实地调查、监测和测试等手段,直接获取基础设施对环境的影响数据，如温室气体排放量、能源消耗量、水资源消耗量等。

统计估算法：通过统计数据、模型计算、经验公式等方法，对基础设施对环境的影响进行估算和预测，如单位人口或单位面积的温室气体排放强度、能源消耗强度、水资源消耗强度等。

模拟仿真法：通过建立基础设施的数学模型和仿真系统，对不同情景和方案进行模拟和比较，评估其对环境的影响和绩效，如生态足迹、碳足迹、水足迹等。

综合评价法：通过将不同环境指标进行加权平均或综合评价，得出基础设施的环境绩效指数或等级，如环境绩效评价指数、环境绩效等级等。

3.2.3.4 环境指标的应用和案例

环境指标的应用可以帮助评估者和利益相关者了解基础设施对环境的影响和绩效，为决策和管理提供科学依据和参考。在实际应用中，环境指标可以用于以下几个方面：

基础设施规划和设计：通过评估不同规划和设计方案的环境绩效，选择最优方案和优化设计，减少环境影响和成本。

基础设施建设和运营：通过监测和评估基础设施的环境绩效，及时发现和解决环境问题，提高资源利用效率和运营效率。

基础设施评估和认证：通过对基础设施的环境绩效进行评估和认证，提高其市场竞争力和社会认可度，促进可持续发展。

环境指标的应用案例有很多，例如：

中国《绿色建筑评价标准》(GB/T 50378—2014)：包括七大环境指标，分别为节地与室外环境、节能与能源利用、节水与水资源利用、节材与材料资源利用、室内环境质量、施工管理、运营管理。这些指标涵盖了绿色建筑从选址到运营的各个方面，旨在实现可持续发展和环境保护的目标。该标准是采用打分的方式进行分级，总分达到 45～50 分是一星级，达到 60 分是二星级，达到 80 分是三星级。

美国能源及环境先导计划(LEED)：包括能源与大气、水资源、材料与资源、室内环境质量、创新与设计等五个方面的环境指标，用于评估建筑的环境绩效和可持续性。LEED 认证鼓励项目团队根据项目的具体情况，对项目进行整体的考量。因此，每个类别尽量涵盖建筑设计、施工和运行的关键点，同时各个大类之间也有高度的一致性和相辅相成的得分点。LEED 分为认证级、银级、金级以及铂金级，在项目满足强制条文的情况下，得分 40～49 分为认证级，50～59 分为银级，60～79 分为金级，80 分以上为铂金级。

欧盟产品环境足迹（PEF）和组织环境足迹（OEF）：基于生命周期评估（LCA）的方法，分别用于测量和传达产品（商品或服务）与组织的潜在生命周期环境影响。它们共同构成了欧盟环境足迹的基础。产品环境足迹用于计算产品或服务在其整个生命周期中的环境性能。组织环境足迹使用相同的方法来计算组织的环境性能。该标准用于评估生态足迹，包括碳足迹、水足迹、土地足迹等多个方面，可以指导可持续消费和生产。

欧洲环境产品声明（EPD）：基于 ISO 14025 标准的Ⅲ型环境声明，对产品整个生命周期的环境影响综合信息进行披露。EPD 将成为出口欧洲产品的强制性认证要求，部分出口到欧盟的产品必须按照欧洲标准进行 EPD 核算。EPD 以生命周期评估为基础，披露某一产品或某项服务在原材料获取、生产、运输、消费，以及最终的报废处理等整个生命周期过程中对不可再生资源、生态系统、人体健康等方面的环境影响。这些影响可向消费者、采购商等提供与产品或服务相关的科学、可验证、可比的环境信息。目前，可进行 EPD 认证的产品有 12 类，分别为化工产品、建筑产品、电力能源产品（如光伏模块）、食品和饮料、家具产品、基础设施和建筑物、机械和设备、金属塑料等包装材料、服务类产品、纸制品、纺织服饰类产品、车辆运输类产品。

3.2.4 社会指标

城市基础设施是城市发展和人民生活的物质基础，也是低碳经济的重要组成部分。为了评价城市基础设施项目对社会发展和人民福祉的影响，需要建立一套科学的社会指标体系，主要包括居民生活质量、城市管理效率和社会公平性三个方面。社会指标不仅反映了项目的社会效益和贡献，也揭示了项目的社会风险和负面效果。因此，在项目决策过程中，不能仅仅依据项目的技术评价、经济评价和财务评价，而应该综合考虑项目的社会评价，从社会学和人类学的角度，分析项目实施对社会经济、社会环境、自然资源等各个方面产生的影响，通过系统地调查和收集与项目有关的社会因素，识别其不利的影响和负面效果，从而降低项目的风险，保证项目的顺利实施和持续发展。社会指标与技术指标、经济指标、环境指标作为低碳基础设施评估指标的四个组成部分，相互补充，共同构成了低碳基础设施评估的总体内容。由于社会评价涉及的面广，不确定性因素较多，且我国对项目的社会评价起步较晚，目前还没有统一的评价方法，对低碳基础设施项目的社会指标评价还处于尝试阶段。因此，本书旨在探讨城市基础设施项目的低碳社会指标体系，以促进我国在低碳基础设施建设决策中全面衡量项目的技术、经济、环境、社会等因素，减少项目对社会的不利影响，并防范社会风险，保证项目与社会协调、适应，达到持续实施并充分发挥效益的目的，从而促进城市的经济与社会发展目标的顺利实现。

3.2.4.1 城市基础设施项目社会评价的原则与特点

由于城市基础设施项目社会评价涉及的因素很多，因此在社会评价中应遵循以下原则：

公正公平：社会评价应该排除项目建设单位和地区的干扰，站在公正公平的立场，客观地分析项目实施对社会所作的贡献。

民众支持：城市基础设施项目的建设最终要达到与人的协调发展，因此民众的支持是非常重要的，不仅要有口头上的支持，还要有行动上的支持，得到民众的参与。

生活改善：城市基础设施项目的目的就是满足人类发展的需要，促进经济的发展，提高人民的生活水平，因此项目建成后，对受损失方要进行适当的补偿。

社会稳定：大型基础设施项目的建设，需要拆迁很多房屋，搬迁大量居民，因此必须有妥善的搬迁和移民安置计划，有计划、有步骤地实施项目，以保证社会的稳定。

实事求是和可比性：社会评价应从实际出发，实事求是，采用科学适用的评价指标和方法；项目在方案比选中要具有可比性。

城市基础设施项目具有服务的公共性和效益的间接性，与其他的投资项目不同，因此其社会评价也有其独特的特点，具体如下：

重在人文分析：城市基础设施项目是为人类的生产生活提供服务，因此其社会评价是以人为中心，研究项目全过程与有关群体的协调关系，从而促进项目的持续发展及社会经济协调、人类不断进步。

多层次分析：社会评价研究项目对社会产生影响，这种影响是以国家、地方和当地社区各层次的社会发展目标以及各层次的社会政策为基础展开的。各层次的发展目标是各不相同的，因此，社会评价有国家分析的宏观层次、地区发展目标的中观层次以及社区发展的微观层次。对于财务经济评价来说，社会评价具有多层次的特点。

多目标评价：社会评价涉及国家、地区、社区各个层次不同的发展目标，以及人的观念、政策等各个方面，属于多目标问题。

难以量化：影响项目的社会因素多种多样，有的可以计量，有的不能计量，如对社会稳定的影响、对社会环境的影响等。相对于财务、经济评价来说，社会评价难以量化，因而其评价的难度比经济评价要大得多，需要采用定性与定量相结合的方法。

3.2.4.2 居民生活质量

居民生活质量是评估城市低碳基础设施建设的重要指标之一。城市居民的生活环境、交通出行、能源消费等方面都会影响居民的生活质量。因此，在低碳基础设施建设中，需要考虑如何提高居民的生活质量。

首先，要改善城市的生活环境。城市的生活环境包括空气质量、水质、噪声等方面。在低碳基础设施建设中，需要采取措施减少污染物的排放，提高空气和水质量。

其次，要提高交通出行的便利程度。城市交通拥堵是影响居民生活质量的重要因素之一。在低碳基础设施建设中，需要采取措施优化交通网络，提高公共交通的覆盖率和服务质量，鼓励居民使用公共交通工具。

最后，要降低能源消费水平。能源消费是城市碳排放的主要来源之一。在低碳基础设施建设中，需要采取措施提高能源利用效率，推广清洁能源，降低能源消费水平。

3.2.4.3 城市管理效率

城市管理效率是指基础设施对城市运行和发展的支撑作用，主要体现在提高资源利用效率、降低运营成本和维护费用、增强应对风险和灾害的能力等方面。低碳基础设施应该能够提高城市管理效率，例如通过采用智能化、数字化和集成化的技术手段，实现基础设施的优化配置、动态调节和协同运作，提高资源节约和循环利用的水平，降低温室气体排放和能耗强度等。

城市管理效率的评估指标可以包括以下几个方面：

首先，要提高城市管理的效率。城市管理的效率包括城市管理的速度、质量和成本等方面。在低碳基础设施建设中，需要采取措施提高城市管理的效率，减少管理成本，提高管理质量。

其次，要提高城市管理的效果。城市管理的效果包括城市的安全、卫生、环境等方面。在低碳基础设施建设中，需要采取措施提高城市管理的效果，保障城市的安全、卫生和环境质量。

最后，要提高城市管理的可持续性。城市管理的可持续性包括城市管理的长期性、稳定性和可持续性等方面。在低碳基础设施建设中，需要采取措施提高城市管理的可持续性，确保城市管理的长期稳定和可持续发展。

3.2.4.4 社会公平性

城市低碳基础设施建设对不同社会群体的影响是否公平，直接关系到城市的社会稳定和可持续发展。低碳基础设施应该能够提高社会公平性，例如通过提供公共服务设施、改善社区环境、促进社会融合等方式，实现不同社会群体的平等和公正。

社会公平性的评估指标可以包括以下几个方面：

首先，要保障社会公平性。社会公平性包括城市低碳基础设施建设对不同社会群体的影响是否公平。在低碳基础设施建设中，需要采取措施保障社会公平性，避免低碳基础设施建设对某些社会群体造成不公平的影响。

其次，要保障社会福利。社会福利包括城市低碳基础设施建设对社会福利的影响。在低碳基础设施建设中，需要采取措施保障社会福利，提高居民的生活质量和福利水平。

最后，要保障社会保障。社会保障包括城市低碳基础设施建设对社会保障的影响。在低碳基础设施建设中，需要采取措施保障社会保障，提高居民的社会保障水平。

综上所述，在低碳基础设施建设中，需要考虑如何提高居民的生活质量、提高城市管理的效率和效果、保障社会公平性，以实现城市的可持续发展。

3.3 低碳基础设施的评估数据源

低碳基础设施评估是一项涉及多方面因素的复杂工作，需要有可靠、全面、及时的数据支撑。本书主要从四个方面介绍低碳基础设施评估的数据源。

3.3.1 国家统计局

国家统计局是我国最权威的官方统计机构，负责组织、指导和协调全国统计工作，发布国民经济和社会发展的重要统计数据。国家统计局每年发布的《中国统计年鉴》《中国能源统计年鉴》《中国环境统计年鉴》等，都是低碳基础设施评估的重要数据源。这些数据涵盖了我国各行业、各地区的经济发展、能源消费、环境状况等方面的基本情况，为低碳基础设施评估提供了宏观层面的参考依据。

3.3.2 环保部门

环保部门是我国负责制定和执行环境保护政策法规的行政机关，也是收集和发布环境监测数据的主要机构。环保部门每年发布的《中国生态环境状况公报》《中国生态环境统计年报》等，都是低碳基础设施评估的重要数据源。这些数据反映了我国各地区、各城市、各流域的空气质量、水质量、固体废物处理、温室气体排放等方面的实际情况，为低碳基础设施评估提供了微观层面的实证依据。

3.3.3 能源部门

能源部门是我国负责制定和执行能源政策法规的行政机关，也是收集和发布能源生产消费数据的主要机构。能源部门每年发布的《中国能源发展报告》《中国可再生能源发展报告》等，都是低碳基础设施评估的重要数据源。这些数据展示了我国各种能源资源的储量分布、开发利用状况、供需平衡情况，以及节能减排的目标进展情况，为低碳基础设施评估提供了中观层面的分析依据。

3.3.4 市场调研机构

市场调研机构是指专业从事市场信息收集、分析和预测的第三方机构，如智库、咨询公司、研究院等。市场调研机构通过对特定领域或行业进行深入调查和研究，发布一些专题报告或政策建议，也是低碳基础设施评估的重要数据源。这些数据反映了市场趋势、技术发展、政策变化等方面的信息，为低碳基础设施评估提供了实时、前沿的参考依据。此外，市场调研机构还可以通过问卷调查、访谈等方式获取用户需求和反馈，为低碳基础设施的设计和实施提供有价值的参考意见。

为了保证低碳基础设施评估的数据质量和可靠性，需要对数据源进行严格的筛选和评估。首先，要选择权威、可信的数据源，避免使用来路不明、数据质量不高的数据。其次，要对数据进行核实和校验，确保数据的准确性和完整性。最后，要对数据进行分析和解读，避免片面、误导性的结论。

综上所述，低碳基础设施评估的数据源来自国家统计局、环保部门、能源部门和市场调研机构等多个部门和机构，需要综合利用各种数据源，进行全面、准确的评估，同时需要对数据源进行严格的筛选和评估，确保数据的质量和可靠性。

第四章　低碳基础设施的政策和机制

低碳基础设施的建设和运营需要有相应的政策和机制来支持和引导，包括国家和地方法律法规、财政税收、市场机制、技术创新等方面。本章将综合分析国内外在低碳基础设施方面的政策和机制的经验和启示。

4.1　国际低碳基础设施的政策和机制

国际上，一些发达国家在低碳基础设施方面有较为成熟的政策和机制，可以为我国所借鉴和参考。以美国、英国、德国为例，这些国家在清洁能源、绿色交通等领域都有较为完善的政策框架和实施措施，主要包括以下几个方面：

(1)制定清晰的目标和规划。这些国家将低碳基础设施作为应对气候变化和促进经济转型的重要手段，制定了具有战略性的远景目标和规划，如美国的“绿色新政”、英国的“净零排放”计划、德国的“能源转型”战略等，为低碳基础设施的发展提供了明确的方向和框架。

(2)强化法律法规的制定和执行。这些国家通过立法或行政命令等方式，将低碳基础设施的目标和要求具体化为法律法规，并加强监督和执法，确保政策落地。例如，美国通过《美国清洁能源法案》等法律，规定了清洁能源的生产标准、汽车燃料效率标准等；英国通过《气候变化法案》等法律，设立了温室气体排放预算制度、可再生能源补贴机制等；德国通过《可再生能源法》等法律，确定了可再生能源发电比例目标、建筑节能标准等。

(3)实施财政税收的激励和支持。这些国家通过财政补贴、税收优惠、信贷担保等方式，为低碳基础设施的建设和运营提供了资金支持和优惠条件。例如，美国通过出台《美国复苏与再投资法案》等财政措施，投入大量资金用于清洁能源、智能电网、高速铁路等项目；英国通过出台《绿色投资银行》等文件，为可再生能源、节能环保等项目提供融资服务；德国调整了《可再生能源法》等法律，相关的市场机制也由最初的可再生能源固定电价补贴向溢价补贴转变。

4.1.1 美国碳减排相关政策

拜登政府在2021年将气候变化提升到国家安全战略层面，重新构建美国能源政策的蓝图，提出“绿色新政是一项至关重要的应对气候挑战的框架”，要以“建立现代、可持续的基础设施和公平的未来清洁能源”作为能源政策的核心。拜登政府试图通过一系列举措推动美国能源格局的清洁化、低碳化和高效化，其能源政策主要包括以下四个方面。

4.1.1.1 大力支持发展清洁能源，创新清洁能源技术

发展清洁能源被视为能源政策的重点。清洁化、低碳化是全球能源转型的必然趋势，清洁能源将在未来能源供应安全上发挥关键作用。拜登政府积极推动清洁能源革命计划，签署了应对气候危机的行政命令，承诺将在2035年实现电力领域碳排放清零，在2050年实现清洁能源全覆盖。

减免税收与加大投资是拜登政府支持清洁能源发展的重要方式。拜登表示在其任期内将为清洁能源采购和税收减免投入4900亿美元。2021年5月，美国国会通过《美国清洁能源法案》，增加了对于清洁能源发展的支持力度，提出要大力加强国内清洁能源技术研发，为生产和使用清洁能源的企业提供税收优惠，为清洁能源行业融资提供便利。10月，美国推出了《重建美好未来法案》框架，表明将投资5500亿美元，为清洁能源发展和应对气候变化提供支持。11月，拜登签署《基础设施投资和就业法》，强调加强清洁能源储能部署，推动清洁能源系统升级与结构优化。2022年2月，美国能源部启动氢能源计划，为区域清洁氢中心提供80亿美元以推动氢能研发与应用。同时，美国环境质量委员

会(Council on Environmental Quality)和白宫国内气候政策办公室(White House Office of Domestic Climate Policy)建立清洁产品采购工作组,通过政府采购支持美国低碳材料生产,推动美国清洁能源网络建设。

低碳、零碳技术研发是实现美国碳减排目标的关键。拜登政府希望通过占据清洁能源技术核心地位掌握国际能源体系的规则制定权,维护美国在国际能源市场的最大利益。2021 年 1 月,美国建立气候高级研究计划署(Advanced Research Projects Agency-Climate,ARPA-C),开展尖端清洁能源技术的开发与创新,加快碳捕集、零碳技术研究步伐,实现美国向碳零排放国家的转变。2 月,美国能源部投入 1 亿美元帮助能源高级研究计划署(Advanced Research Projects Agency-Energy's,ARPA-E)研发清洁能源技术,同时积极推进太阳能、风能技术发展,大幅度增加太阳能电板、风能站数量。5 月,拜登政府发布支持清洁能源部署的政策,对用于建设风能和太阳能项目的土地减免一半租金。6 月,美国授权使用《国防生产法》加速清洁能源技术的国内生产,为柬埔寨、马来西亚、泰国等国家的太阳能组件进入美国提供 24 个月的关税豁免,加速美国太阳能布局,同时启动了联邦-州海上风电实施伙伴关系,推进全国海上风电供应链建设。核能是美国能源结构的重要组成部分,也是美国净零排放战略的重点。依托气候高级研究计划署开发核能,美国加大对核能的资金投入和技术改进,发展小型模块化反应堆技术,将核能纳入美国能源战略体系的总体布局。

4.1.1.2 加强基础设施建设清洁化,提升能源效率

美国积极推动基础设施建设的电气化、清洁化,大力推动电动汽车部署。2021 年 8 月,拜登签署行政命令,宣布将电动汽车和其他零排放汽车在新乘用车销量中的份额从 2020 年的 2.4%提高到 2030 年的 50%。11 月,签署的《基础设施投资和就业法》提出,将投资 10 亿美元建设弹性的电池供应链和全国电动汽车充电站网络。12 月,《重建美好未来法案》提出对电动汽车生产企业进行补贴,承诺对在 2060 年前购买电动汽车的消费者提供 7500 美元的税收抵免。2022 年 2 月,拜登政府开展国家电动汽车基础设施建设计划(National Electric Vehicle Infrastructure,NEVI),预计在未来 5 年拨款 50 亿美元在各州建立完善的电动汽车充电网络,积极推动交通部门电气化,更换高耗油、高污染的运输

工具，并且要求联邦、州、地方政府车队全部采购和使用清洁和零排放车辆，推动公共交通100%清洁化。

拜登政府也注重提升能源使用效率。高能效能够降低能源消费支出费用，减少对能源的需求。拜登政府制定严格的燃料控碳与排放标准，提升汽车燃油经济性。2021年12月，美国环境保护署规定汽车制造商在2023年需要将燃油效率标准提高9.8%，在2026年前达到平均每加仑（约3.78升）燃油行驶88千米（约55英里）的目标。拜登政府加强对电力系统、建筑设施的全面升级改造，提升能源效率，削减能源成本。2022年1月，拜登政府与30多个州的地方政府共同发起了建筑性能标准联盟，推动节能建筑发展，提升建筑的能源效率，控制建筑行业的碳足迹。拜登政府试图通过基础设施升级改造来降低能源损耗，改善生态环境，从而为美国清洁电力和净零排放目标提供助力。

4.1.1.3 限制化石燃料，保护生态环境

拜登政府对化石燃料实施收缩性举措，限制化石燃料的进一步开发。拜登政府认为美国面临着与气候变化相关的火灾风暴加剧的威胁以及由于化石燃料燃烧造成的严重污染，需要采取行动加以应对。在化石能源发展上，拜登政府要求在2022年之前取消政府对化石燃料的财政支持，并将这部分资金用于奖励生产清洁能源；在化石能源开采上，取消"拱心石"原油管线第四期工程项目建设，同时对现有的联邦石油和天然气许可和租赁进行全面审查，并暂停公共土地或近海水域新的石油和天然气租赁许可。但拜登政府也承认化石能源在美国能源转型中的过渡作用，承诺不会彻底禁止页岩油气开采，仍为化石燃料留下"一席之地"。

加大环境治理力度，推进环境保护工作。2021年1月，美国发布《应对国内外气候危机》的行政命令，强调到2030年要保护美国30%的陆地和海洋。制定更为严格的控碳与排放标准，与汽车运营商进行协商，要求在2026年之前对汽车和轻型卡车实施更严格的尾气排放标准，从而大幅度改善空气质量。注重对于海洋和土地的保护。在海洋保护上，美国为国家海洋和大气管理局（NOAA）投入69亿美元财政预算，并任命首席科学家、海洋学家里克·斯宾拉德（Rick Spinrad）为该机构负责人，最大限度地发挥国家专业机构在海洋保护上的作用。

加大对于北极海域的保护，禁止在北极国家野生动物保护区和北极近海进行石油勘探和生产，保护生态脆弱区的生态环境。在土地保护上，美国积极推动全民气候倡议，鼓励美国各州、社会组织、公民、社区共同对环境保护作出努力。美国农业部计划采取大规模森林恢复行动，并且向农民和牧场主推广碳吸收和锁定技术，切实减少碳排放，保护生态多样性。

4.1.1.4 推动绿色盟友网络建设，积极主导国际气候议程

拜登政府强调构建绿色盟友网络体系共同应对气候危机，指出“印太地区是气候危机的中心，也是解决气候问题的关键。美国将会与印太地区主要经济体寻求合作，实现印太地区向净零排放过渡”。2021 年 2 月，拜登政府重启奥巴马政府时期的创新使命计划，加强与欧盟在清洁能源技术上的合作，同时强调构建大西洋绿色议程，深化与欧盟之间的合作。3 月，美国总统气候特使克里访问布鲁塞尔，与欧盟达成合作协议，双方承诺“要在应对气候危机的努力中重新建立强大的联盟，到 2050 年实现零碳排放目标”。4 月，美国与印度建立“美印 2030 气候和清洁能源议程伙伴关系”，将能源合作作为美印合作的重点领域之一。9 月，拜登总统与印度总理莫迪、日本首相菅义伟、澳大利亚总理莫里森举行线下“四方安全对话”，在气候领域达成一系列合作。四国首脑强调将构建绿色航运网络、清洁氢能合作伙伴关系，共同致力于甲烷减排，建立清洁能源供应链。欧盟是拜登政府能源政策的重要合作伙伴。10 月，美国与欧盟发起“全球甲烷承诺”，号召各国积极参与甲烷减排行动。11 月，拜登政府在第 26 届联合国气候变化大会(COP26)上表示，要使美国成为生气蓬勃的、新颖的、公平和公正的净零排放世界中的清洁能源引擎，帮助发展中国家加快清洁能源转型。2022 年 1 月，美国总统气候变化事务特使克里主持召开“主要经济体能源与气候论坛(MEF)”部长级会议，推动该论坛国家高层在核心议题上保持一致，探索开展新的能源与气候领域的合作。

为实现能源清洁化、低碳化和高效化，美国在 2021 年就开始出台相关能源政策，其主要包括大力支持发展清洁能源，创新清洁能源技术；加强基础设施建设清洁化，提升能源效率；限制使用化石燃料，保护生态环境；推动绿色盟友网络建设，积极主导国际气候议程等四个方面。经过近几年的实践，美国在减少

碳排放方面已取得一定的成果。

4.1.2 英国碳减排相关政策

英国推进低碳减排的相关政策主要可分为运输结构优化调整方面、新能源运输装备推广方面以及零排放建设方面。

在运输结构优化调整方面，英国运输部向那些把货物由公路转向铁路和水路运输的公司提供补贴。通过货运模式转型资助计划，运输部在 2007 年投入 1750 万英镑、2008～2009 年投入 1800 万英镑来推广多式联运和大宗散货铁路运输。据估计，这项计划减少了英国公路上 870000 车货物，减少了 130000 吨的二氧化碳排放。

在新能源运输装备推广方面，英国在 2020 年的财政预算中，为了大力推动电动汽车发展，决定在未来 5 年内拨款 5 亿英镑建设电动汽车超级充电网络，以配合新能源汽车的增加和普及。此外，预算还包括将英国的电动汽车购买补贴延长至 2023 年，但单车补贴金额将由 3500 英镑下调到 3000 英镑。英国的目标是 2035～2040 年新生产的轻型汽车达到 100%电动化。

在零排放建设方面，伦敦的两个自治区联合实施了一个覆盖五条街道的近零排放区。以伦敦金融城为例，其从 2020 年 3 月开始在一条名为比奇(Beech)街的街道试点近零排放区，试点每周 7 天、每天 24 小时运行。只有排放不超过 75 g-CO_2/km，零排放续驶里程不低于约 32 英里(20 公里)，同时污染物排放符合欧六排放标准(或与其等效的标准)的车辆才被允许进入。监管通过可自动识别车牌的摄像头完成，自 2020 年 7 月 27 日起不合规的进入车辆会收到处罚通知书，罚款额度最高为 130 英镑。

4.1.3 德国碳减排相关政策

德国出台的碳减排相关政策可分为新能源运输装备推广方面、配套基础设施方面、运输结构优化调整方面、引导发展绿色公共交通方面以及调整市场机制方面等。

在新能源运输装备推广方面，德国联邦政府设立了专项资金对新能源车辆购置进行补贴，还对电动汽车实施了税收激励措施，免征电动汽车的机动车税。到 2030 年，纯电动乘用车数量将达到 1500 万辆，铁路运输实现 75%的电气化。

在配套基础设施方面，德国联邦政府在 2020 年首次为私人充电设施提供 2 亿欧元的额外资金，到 2022 年至少增加 15000 个公共充电站，到 2030 年可用充电点达到 100 万个。未来，住宅、企业和其他建筑停车场必须安装充电基础设施。

在运输结构优化调整方面，德国联邦政府为推动货物运输结构优化调整，采取了降低铁路货运铁路轨道使用费的手段，推广单车皮运输。对于旅客运输，德国降低了长途铁路车票的增值税，这使得铁路旅行成本更低，更具吸引力。相比之下，航空旅行附加费自 2020 年 4 月则略有增加。此外，为了提升铁路运输的能力和效率，德国联邦政府和国家铁路公司将在 2030 年前对铁路网投资 860 亿欧元。

在引导发展绿色公共交通方面，德国联邦政府从 2021 年起增加了公共交通资金。到 2030 年，德国联邦政府将提供更多资金以扩大自行车基础设施。此外，还将为使用可再生燃料的公交车队提供资金。到 2030 年，德国城市公交电动化将达到 50%。

对比美国、英国、德国三个国家的碳减排政策可以发现，新能源装备推广方面的政策主要是先制定目标，再通过法律法规等强制措施和财政补贴、税收激励等鼓励措施来达到目标；推动运输结构调整优化、零排放区建设，市场机制方面多采用财政补贴、税收激励和市场资金等以资金为主的政策；推进绿色出行方面的政策包括制定公共交通和慢行交通的各类城市交通规划等。

4.2 国内低碳基础设施的政策和机制

近年来，我国政府不断加大对清洁能源、新能源汽车、节能环保产业等绿色低碳领域的支持力度，通过增加财政投入、制定绿色财政政策、多项政策协同推进等手段，共同培育绿色新动能和可持续增长。同时，可再生能源产销量不断增加，绿色基础设施加速更新，节能环保与资源利用产业实现量增质升等成效也很显著。

4.2.1 绿色低碳财政政策与实践

我国因地制宜地制定出符合国情的绿色低碳政策，并取得了相应的成就。

4.2.1.1 财政投入持续发力，为经济稳步增长培育绿色低碳新动能

党的十八大以来，我国的绿色低碳建设上升到前所未有的战略高度。政府部门合理运用绿色财政政策工具，逐步加大绿色财政投入力度，尽管受到疫情的严重冲击，经济下行压力增大，但是绿色财政系统支持经济低碳转型的政策预期不断得以强化。2018～2021 年，全国一般公共预算支出中，节能环保支出分别为 6353 亿元、7444 亿元、6317 亿元、5536 亿元，占一般公共预算支出的比重在2%～3%，持续支持污染防治、生态保护以及减排等项目，生态资源可供开发利用的潜力逐步提高。从统计口径来看，节能环保支出并未包括用于设备设施与技术改造等领域的支出。

随着基础设施、清洁能源、工业节能设备以及绿色技术改造等领域稳增长的投资持续扩大，经济态势持续稳定向好，我国政府绿色低碳循环经济的财政支出规模也将进一步扩大，助力经济绿色增长新势能培育。2021 年 2 月，国务院出台了《关于加快建立健全绿色低碳循环发展经济体系的指导意见》，通过了健全绿色低碳循环发展的生产体系、流通体系与消费体系，加快基础设施绿色升级，加速构建市场导向的绿色技术创新体系等措施，提出 2025 年产业结构、能源结构、运输结构明显优化，基础设施与生产生活方式绿色化水平显著提高，致力于中长期绿色发展内生动力显著提升。党的十九届六中全会及 2022 年政府工作报告也都着重强调，要使绿色成为普遍形态。中央经济工作会议提出，2022 年要适度超前开展基础设施投资，着力扩大有效投资，这也为绿色经济增长点的培育创造了丰富的应用场景和良好的政策预期。考虑到绿色发展与经济复苏之间的紧密联系，作为固定资产投资的重要组成部分，绿色低碳设备设施、清洁能源及低碳技术等都将成为绿色投资政策的着眼点，成为经济稳步增长的有力支撑。

4.2.1.2 绿色低碳财政政策乘数效应显现，带动社会资本投入

绿色财政政策支持力度不断增加，带动了绿色产业培育与绿色技术创新领域中社会资本的流入。近年来，支持绿色发展的财政政策内容不断丰富，政策工具不断完善，明确了持续改善生态环境质量，助力如期实现碳达峰、碳中和等重要目标，创造了低碳产业稳定发展的市场预期，尤其是中央经济工作会议定调适度超前布局基础设施投资、着力扩大有效投资，为社会资本进入固定资产投资领域创造更大的空间。在操作层面，公私合作伙伴系统(PPP)模式加快促进社会资本流向绿色低碳领域，对缓解财政压力、激活市场主体活力起到举足轻重的作用。生态建设和环境保护 PPP 项目数不断增加，投资规模持续扩大。截至 2021 年年底，生态建设和环境保护行业入库项目 959 个，投资额 1.07 万亿元，占绿色低碳入库项目投资额的 18.8%，居首位。其中，长江、黄河流域各省份项目 853 个，占比 89%，并通过重点开展水环境综合治理项目等，践行“绿水青山就是金山银山”的理念。

4.2.1.3 多项政策协同推进，绿色低碳经济发展体系逐步建立

我国政府部门综合运用绿色金融政策、绿色财税政策、绿色产业政策以及绿色技术政策，强力支持经济社会全面绿色转型。2016 年，中国人民银行牵头制定的《关于构建绿色金融体系的指导意见》，明确设立国家绿色发展基金支持绿色金融发展，激励社会资本投入绿色产业。数据显示，截至 2021 年年末，我国绿色贷款余额超过 15.9 万亿元，同比增长 15.9%，绿色债券余额 1.1 万亿元，分别居世界第一位、第二位，为推动发展方式转变、结构优化和动力转换提供了融资保障。财政部 2016 年出台《关于促进绿色消费的指导意见的通知》、2019 年出台《关于从事污染防治的第三方企业所得税政策问题的公告》等，运用税收和财政奖补手段，支持建立绿色生产、绿色流通以及绿色消费体系，推动生产、流通与消费全过程绿色化，并辅之以法律手段明确绿色标准，增强生态标尺意识，强化绿色竞争力，构筑稳定的绿色市场预期。国家发改部门则基于绿色低碳产业发展需要，制定绿色产业政策，明确绿色产业发展规划和产业指导目录，分类指导、精准施策，规范重点支持产业门类，也指明了绿色技术投资方向。

2021年4月，科技部组织制定《科技支撑碳达峰碳中和行动方案》，进一步明确加强现有绿色低碳技术的推广应用，推动产业绿色转型和新型低碳产业发展，大力推进低碳、零碳与负碳技术研发，为产业绿色转型提供技术支撑。由此，绿色金融、绿色财税、绿色产业以及绿色技术创新政策协调配合并形成政策合力，逐步构建起绿色发展政策体系，有力地支持了经济绿色转型。

4.2.2 绿色低碳财政政策成效

在绿色低碳财政政策的激励下，我国低碳减排工作取得了一定的进展。

4.2.2.1 可再生能源产销量不断增加，经济绿色增长底色更亮

"十三五"时期，我国水电、风电、光伏、在建核电装机规模等多项指标保持世界第一，供需两端发力，促进能源经济绿色发展。从供给端来看，多元清洁的能源供应体系逐步建立。2021年，我国可再生能源新增装机1.34亿千瓦，占全国新增发电装机的76.1%。其中，水电、风电、光伏发电、生物质发电新增装机分别占全国新增装机的13.3%、27%、31.1%、4.6%。截至2021年年底，我国可再生能源发电装机达到10.63亿千瓦，占总发电装机容量的44.8%，全国可再生能源发电量达2.48万亿千瓦时，占全社会用电量的29.8%，水电、风电、光伏发电和生物质发电量分别占全社会用电量的16.1%、7.9%、3.9%和2%(数据来源于国家能源局)。从需求端来看，能源消费逐步实现绿色转型。2021年能源消费总量中，煤炭消费量较2020年下降0.9%，占比56%；天然气、水电、核电、风电、太阳能发电等清洁能源消费量上升1.2%，占比25.5%。因此，可再生能源生产量与消费量持续增长，促进能源消费结构持续优化，对加快推动经济绿色复苏提供了绿色动力基础。

4.2.2.2 绿色基础设施加速更新，助力流通体系绿色创新

在交通基础设施建设投资方面，高铁和城市轨道交通设施具有典型性。截至2022年7月，轨道交通、铁路、高速公路PPP项目投资额分别为13272.42亿元、3479.23亿元、44981.74亿元。从投资实绩来看，高铁、城市轨道及高速路网结构和交通条件不断改善，搭建起绿色流通"骨架"。2020年，高铁营业里程达

37929 千米，占铁路营业里程的 25.92%，比 2016 年上升 7.39%；高铁密度超过 39.51 千米/万平方千米，高铁客运量占铁路客运量比重超过 70%。城市轨道交通营运里程 6736 千米，新增营运线路 974 千米。2021 年，在建轨道交通城市高达 55 个，轨道交通线路在建长度超 6096.4 千米。高铁与城市轨道交通网络的不断完善，也间接地增强了绿色生产要素在区际与城乡之间的可达性，围绕高铁和城市轨道交通站点和路网逐步形成了绿色生产和绿色消费的智慧产业园区，不仅扩大了绿色产业市场腹地，而且增强了绿色产业链、供应链的完整性、韧性和水平。

在绿色流通工具方面，新能源汽车产业加快发展，产业规模不断扩大，产品质量持续优化，成为绿色投资的着眼点。截至 2022 年 6 月，我国新能源汽车保有量达 1001 万辆，占机动车保有量的 3.23%。2022 年 7 月，新能源汽车月产量增长至 59.29 万辆，当月同比增长达 113.5%，新能源汽车生产能力大幅提升。在新旧工具交替上，2015 年年底以来我国淘汰老旧机动车超过 1400 万辆。2020 年，北京、山西、上海、湖南等地新增及更换的新能源公交车比重已达 100%。据测算，交通运输行业推广应用新能源汽车每年可减少碳排放约 5000 万吨。因此，绿色基础设施和流通工具的推广应用与加速改造创新，不仅为降低流通环节碳排放创造了良好的条件，也为绿色投资提供了更多的应用场景。

4.2.2.3 节能环保与资源利用产业实现量增质升，绿色技术创新能力持续提高

作为专利密集型产业的重要组成部分，我国节能环保产业规模持续扩大，创新水平持续上升，2019 年、2020 年连续两年环保产业专利密集型产业增加值占比超过 2.3%，环保产业增加值由 2599 亿元增长到 2748 亿元，同比上涨 7.2%。节能环保产业市场主体数量明显增多。2018 年，节能环保产业规模以上工业企业 11987 家，占比 18.1%，成为拉动经济增长和加速绿色技术创新的重要动力。废弃资源综合利用业稳步发展，资源循环利用能力显著增强。在固定资产投资方面，废弃资源综合利用业新建、改建和扩建固定资产投资同比稳步增加。2022 年 7 月，废弃资源综合利用业同比增长 8.6%，出口交货值达 6 亿元。2018 年以来，废弃资源综合利用业城镇固定资产投资同比增长均值近

20%，废弃资源综合利用业改建固定资产投资同比均值达 20.71%。从市场主体数量与构成来看，从事废弃资源综合利用业的市场主体数量不断增加。2022 年 7 月，废弃资源综合利用业市场主体达 2799 个，中小私营企业市场主体占比超 58%。从创新投入力度来看，2021 年废弃资源综合利用业规模以上工业企业科学研究与试验发展(R&D)经费支出增加到 38.4 亿元，R&D 经费投入强度为 0.65%，有力地促进了废弃资源综合利用业进一步发展，资源循环利用能力显著提升。

4.3　推动低碳基础设施发展的政策和机制建议

为了推动低碳基础设施的发展，根据国内外在低碳基础设施方面的政策和机制的经验，需要制定和完善相关的政策和机制。

首先是规划和标准。制定低碳基础设施的发展规划，明确目标、路径和措施，统筹考虑区域、行业和领域的差异和需求，优化布局和结构，避免重复建设和浪费。制定低碳基础设施的技术标准，规范设计、建造、运维等环节，提高能效、降低排放、增加抵御能力。

其次是资金和投融资。增加低碳基础设施的财政支持，引导公共资金向低碳项目倾斜，提供税收、补贴、贷款等优惠政策。创新投融资模式，吸引社会资本参与低碳基础设施的建设和运营，发展绿色金融产品和服务，降低融资成本和风险。

再次是监测和评估。建立低碳基础设施的监测和评估体系，完善数据收集、分析和共享机制，定期发布低碳基础设施的建设和运营情况，评估其对温室气体排放、气候适应、经济社会发展等方面的影响，及时发现问题并采取改进措施。

最后是宣传和培训。加强低碳基础设施的宣传和培训工作，提高公众、企业和政府部门对低碳基础设施的认识和支持度，普及低碳理念和技术，培养低碳人才和专家，形成良好的社会氛围。

总之，低碳基础设施的建设需要政府制定相应的政策和机制，鼓励企业和个人参与到低碳基础设施建设中,从而促进低碳经济的快速发展。

分析国内外在低碳基础设施方面的政策和机制可以得出以下启示:

(1)制定明确的政策目标和长期规划。国家和地区应该制定明确的低碳基础设施发展目标,并将其纳入长期规划和战略文件中。这有助于提供稳定的政策环境,吸引投资者和企业参与低碳基础设施建设。

(2)采取综合性政策措施。政府应采取综合性政策措施,包括经济激励措施、法规和标准制定、研发和创新支持等。这些政策措施可以促进技术创新、市场竞争和投资激励,推动低碳基础设施的发展。

(3)建立合作伙伴关系和多元融资机制。政府、企业和金融机构应建立合作伙伴关系,共同推动低碳基础设施建设。同时,需要建立多元化的融资机制,吸引公共和私人资金参与低碳基础设施的投资和建设。

(4)推动技术研发和创新。加强低碳技术研发和创新,包括可再生能源技术、能源储存技术、智能能源管理系统等。政府可以通过资助研究项目、建立创新基金和支持技术示范项目等方式,推动技术创新和应用。

(5)强化监管和评估机制。建立有效的监管和评估机制,确保低碳基础设施的建设和运营符合相关标准和要求。政府应加强监管力度,包括环境保护、能源效率和安全管理等方面的监管,以保障低碳基础设施的可持续发展。

(6)加强国际合作和经验共享。国际合作和经验共享是推动低碳基础设施发展的重要方式。各国可以通过交流经验、合作项目和技术转让等方式,共同推动低碳基础设施的发展和应对气候变化的挑战。

综合来看,国内外在低碳基础设施方面的政策和机制,强调了明确目标、综合政策措施、合作伙伴关系、多元融资、技术创新、监管评估和国际合作等方面的重要性。中国可以借鉴这些经验,加强政策制定和执行,建立良好的政策环境和市场机制,吸引更多的投资和创新力量,推动低碳基础设施的发展,实现可持续发展的目标。

第五章　低碳基础设施在能源领域的应用案例

本章首先介绍低碳基础设施在能源领域的应用和效果，包括可再生能源、智能电网、分布式能源、节能灯具等，然后从成本、效率、可靠性、安全性等方面分析低碳基础设施在能源领域的优势和劣势，最后介绍低碳基础设施在能源领域的全球经验和中国实践。

5.1　低碳基础设施在能源领域的应用和效果

低碳基础设施在能源领域的应用主要包括可再生能源、智能电网、分布式能源、节能灯具等。

5.1.1　可再生能源

可再生能源主要包括太阳能发电、风力发电、水力发电以及生物质能等，这些能源不仅可以替代传统化石燃料，减少碳排放，还能够不断地再生，且对环境的影响也较小。可再生能源在低碳基础设施中的应用包括以下几点。

5.1.1.1　太阳能发电

太阳能发电是将太阳能转化为电能，通常使用太阳能电池板将太阳辐射能转换成直流电能，然后通过逆变器转换为交流电能，以便供应给家庭、商业和工业用电设备。

太阳能发电的过程可以分为以下步骤：第一，光照。太阳能电池板接受太阳光照射，吸收太阳光的能量。第二，电流产生。太阳能电池的半导体材料吸收光子产生自由电子，这些自由电子在电场的作用下形成电流。第三，直流电转换。太阳能电池板输出的电流为直流电，通过逆变器将其转换为交流电。第四，输送电能。将转换的交流电输送到电网中，供应给用户使用。

太阳能发电的优点是无噪声、无污染，在城市和偏远地区都可以应用。在低碳基础设施建设中，太阳能发电可以替代燃煤发电、燃油发电等传统能源发电方式，减少碳排放，具有广阔的应用前景和发展空间。

5.1.1.2 风力发电

风力发电是一种将风能转化为电能的技术，通常使用风力涡轮机将风能转换成机械能，然后通过发电机将机械能转换成电能。

风力发电的过程可以分为以下步骤：第一，风能收集。通过风力机的叶片收集风能，当风力机叶片被风吹动时，风力机开始旋转。第二，机械能转换。风力机的旋转产生机械能，通过传动装置将机械能转移到发电机上。第三，电能产生。发电机将机械能转化为电能，并将电能输送到变压器中。第四，输送电能。变压器将发电机产生的电压调整为适合输送的电压，然后输送到电网中，供应给用户使用。

风力发电具有环保、可再生、无污染、低成本等优点，在全球范围内得到了广泛应用。风力发电的应用领域包括城市电力供应、农村电力供应、工业电力供应等。近年来，随着风力发电技术的不断发展和成本的不断降低，风力发电在全球范围内的应用越来越广泛，已成为未来能源发展的重要方向之一。

5.1.1.3 水力发电

水力发电通过水轮发电机将水能转化为电能。水力发电站通常建在水流较快的河流或瀑布附近，通过引导水流流经涡轮机，将水流的动能转化为机械能，再将机械能转化为电能。

水力发电站通常分为以下部分:第一,水库。水库是水力发电的重要组成部分,它们储存了大量的水,以确保发电厂在需要时有足够的水流。水库可能是天然形成的湖泊或人工建造的水坝,水库的大小取决于发电厂的需求和周围地形。第二,引水系统。引水系统是将水从水库输送到发电机组的管道或隧道。这些管道或隧道通常被称为水渠,它们可以穿过山脉、平原等,以便将水输送到发电站。引水系统还包括调节水流的调节门和阀门。第三,涡轮机。涡轮机是将水流动能转化为机械能的设备,通常由叶轮和轴组成。水通过水渠流过叶轮,叶轮开始旋转,轴带动发电机转动。第四,发电机。发电机是将机械能转化为电能的设备,通常由大型的电磁铁和旋转的线圈组成。当涡轮机转动时,它们驱动发电机转动,产生电能。第五,输电系统。输电系统是将发电站产生的电能输送到用户的设备。输电系统包括变压器、电线等,当电能从发电站输送到用户时,电压通常需要经过多次变压器的升降。

水力发电的优点是高效、无污染、可再生等,能够稳定地产生电能,不产生二氧化碳等温室气体,对环境影响较小,且水力发电站的寿命较长。缺点是需要建造大型的水坝和引水系统,会对周围环境造成破坏,同时水库也需要消耗大量的土地资源。

5.1.1.4 生物质能

生物质能是指利用生物质作为能量来源的能源形式。生物质包括植物、动物和微生物等生物体以及它们的代谢产物,通过燃烧、发酵等方式转化为热能、电能、生物燃料等形式的能源。

生物质能利用方式有多种,包括生物质燃烧、生物质气化、生物质液化以及生物质发酵等。生物质燃烧是将生物质燃烧产生热能,用于加热、发电或生产工业用热。生物质气化是将生物质转化为可燃气体,如合成气或生物质气,用于发电或生产工业用热。生物质液化是将生物质转化为液体燃料,如生物柴油或生物乙醇,用于交通运输和工业用途。生物质发酵是将生物质发酵,产生可燃气体,如甲烷,用于发电或生产工业用热。

与传统能源相比,生物质能的优点是可以减少对化石燃料的依赖,同时也可以减少有机废弃物的排放和处理成本。但生物质能的缺点也较为明显,其生产过程中可能会产生大量的温室气体和空气污染物，也需要消耗大量的土地和水资源。

可再生能源主要包括太阳能发电、风力发电、水力发电以及生物质能等，其在低碳基础设施中的应用可以减少碳排放，降低对环境的影响，同时也可以提高能源利用效率，促进经济可持续发展。因此，可再生能源是低碳基础设施建设中非常重要的组成部分。

5.1.2 智能电网

智能电网(Smart Grid)是一种利用先进的通信、控制和信息技术来实现电力系统的优化和智能化管理的电网系统，能够实现大规模分布式能源接入、高效能源利用、智能运行管理以及实现用户参与，其目标是在提高电力系统的可靠性、安全性、经济性和环境友好性的同时，能够更好地支持可再生能源发电和分布式能源发展。

智能电网的应用在很大程度上促进了低碳基础设施在能源领域的建设，具有以下几个方面的应用和效果。

5.1.2.1 大规模分布式能源接入

在智能电网中，大规模分布式能源接入是指将分布式能源(Distributed Energy Resources, DER)大规模接入电力系统中，实现与传统中央化发电方式的协同运行。分布式能源包括太阳能、风能、水能等，可以在电力系统中发挥重要作用，为电力系统提供可再生、清洁、低碳的能源。

大规模分布式能源接入的优势包括：第一，提高电力系统的可靠性和稳定性。分布式能源可以分散在电力网络的各个节点中，提高电力系统的可靠性和稳定性。同时，分布式能源的接入也可以减少电力网络的传输损耗，提高电力系统的能源利用效率。第二，降低电力成本。分布式能源可以利用本地资源，减少电力网络的传输损耗和电力输送成本。此外，分布式能源的接入还可以减少电力系统的峰值负荷，降低电力系统的成本。第三，减少温室气体排放。分布式能源是可再生、清洁、低碳的能源，可以减少电力系统的碳排放和对环境的影响。

大规模分布式能源接入也带来了一些挑战：第一，电力系统稳定性问题。由于分布式能源的不稳定性，如风能和太阳能的不确定性，会对电力系统的稳定性造成影响，需要采用智能化的电力管理和调度技术来解决。第二，电力系统保护问题。分布式能源的接入可能会对电力系统的保护造成不利影响，如过电压、电流失衡等问题，需要采用适当的保护措施来解决。第三，网络安全问题。分布式能源的接入会增加电力系统的网络安全隐患，需要采用适当的网络安全措施来保障电力系统的安全性。

大规模分布式能源接入是智能电网的重要组成部分，可以为电力系统提供可再生、清洁、低碳的能源，如风力发电、太阳能发电、水力发电等。这些分布式能源的接入可以减少传统的能源供应方式，降低碳排放，同时也可以提高能源的可靠性和稳定性。

5.1.2.2 高效能源利用

智能电网的目标之一是实现高效能源利用，通过智能监控、调度、优化等技术手段，实现对能源的高效利用，最大限度地利用能源资源，减少能源的浪费和损失。通过电力调峰、电力负荷管理、储能技术等手段，智能电网可以有效避免能源浪费，提高能源利用效率。

实现高效能源利用的关键措施包括这样几点：第一，基于数据分析的能源管理。智能电网可以通过广泛的数据采集和分析，实现对能源的实时监测和分析，优化电力系统的运行和管理。采用智能电表和智能传感器等设备来实时监测能源的使用情况，帮助用户更好地理解和管理能源的消耗。第二，优化能源负载管理。智能电网可以通过智能化的负载管理，实现对能源的高效利用。通过电力系统的预测和调度技术，实现对能源需求的预测和优化，降低能源的浪费和损失。第三，大规模可再生能源集成。智能电网可以更好地支持大规模可再生能源的集成，如太阳能和风能等。通过智能化的电力管理和调度，人们可以更好地利用可再生能源，同时也减少对化石燃料的依赖，实现高效能源利用。第四，采用高效能源技术。智能电网可以采用高效的能源技术，如高效的电力变换器、能量存储技术等，提高电力系统的效率和能源利用效率。采用储能技术来平衡电力系统的负载，实现更高效的能源利用。

实现高效能源利用是智能电网的重要目标之一，通过优化电力系统的运行和管理，最大限度地利用能源资源，提高电力系统的效率和可持续性。

5.1.2.3 智能运行管理

智能电网的智能运行管理是指利用智能化的技术和管理手段，对电力系统的运行和管理进行智能化和自动化的管理。通过智能运行管理，实现对电力系统的实时监测和分析，优化电力系统的运行和管理，提高电力系统的效率和可靠性。

智能电网的智能运行管理中的关键技术和手段包括以下几点：第一，智能电力传感器和电表。智能电力传感器和电表可以实时监测电力系统的运行状态和能源消耗情况。通过智能传感器和电表，可以实现对电力系统的高效监测和管理，从而实现电力系统智能化和自动化的目标。第二，数据采集和分析。智能电网可以通过广泛的数据采集和分析，实现对电力系统的实时监测和分析。通过数据采集和分析，能更好地理解电力系统的运行状态和能源消耗情况，优化电力系统的运行和管理。第三，预测和调度技术。智能电网可以通过预测和调度技术，实现对电力系统的高效管理和调度。例如，利用人工智能和大数据技术，实现对电力系统的负载预测和能源需求预测，从而优化电力系统的调度和管理。第四，智能电力设备。智能电力设备可以实现对电力系统的智能化管理和控制。例如，采用智能电力变换器、智能开关等设备，实现对电力系统的高效控制和管理。第五，能源储存技术。能源储存技术可以实现对电力系统的能量平衡和负载调节。通过能源储存技术，实现对电力系统的能量存储和释放，提高电力系统的效率和可靠性。

智能电网中的智能运行管理是实现智能电网的重要手段之一，需要采用一系列技术和管理手段来实现。通过智能运行管理，可以实现对电力系统的智能化和自动化管理，提高电力系统的效率和可靠性，推动智能电网的发展和应用。

5.1.2.4 用户参与

用户参与是指利用智能化的技术和管理手段，实现用户对电力系统的参与和管理。通过用户参与，提高用户参与度和参与意识，实现电力系统的智能化和人性化；促进能源消费者的自主选择，提高能源利用效率，同时也促进电力市场的发展和竞争。

智能电网中用户参与的关键手段如下：第一，智能电表和能源监测系统。智能电表和能源监测系统可以实时监测用户的能源消耗情况和用电行为。通过智能电表和能源监测系统，用户可以了解自己的能源消耗情况，从而采取相应的节能措施。第二，能源管理软件和 APP。能源管理软件和 APP 可以实现对能源消耗的实时监测和管理。通过能源管理软件和 APP，用户可以了解自己的能源消耗情况，并采取相应的节能措施。同时，用户还可以通过能源管理软件和 APP 参与到电力系统的调度和管理中。第三，可再生能源设备。用户可以安装可再生能源设备，如太阳能电池板和风力发电机等，实现对电力系统的贡献和参与。通过可再生能源设备，用户可以自己产生电能，并将多余的电能卖回电网，实现对电力系统的贡献和参与。第四，智能家居系统。智能家居系统可以实现对家庭用电设备的智能化管理和控制。通过智能家居系统，用户可以实现对家庭用电设备的智能化控制和管理，实现对电力系统的参与和管理。

智能电网中用户参与是实现智能电网的重要手段之一，需要采用一系列技术和管理手段来实现。通过用户参与，提高用户参与度和参与意识，实现电力系统的智能化和人性化，推动智能电网的发展和应用。

智能电网在低碳基础设施建设中的应用可以促进可再生能源的大规模接入，提高能源利用效率，促进电力系统的智能化和用户参与，实现低碳、高效、安全、可靠的能源供应。因此，智能电网是低碳基础设施建设中非常重要的组成部分。

5.1.3 分布式能源

分布式能源是指分散在不同地点的小型能源系统，如太阳能光伏系统、风力发电机、微水电站等。这些小型能源系统可以在本地产生和使用电力，也可以将多余的电力反馈到电网上。分布式能源的应用可以在很大程度上促进低碳基础设施在能源领域的建设，在降低碳排放、提高能源供应的可靠性和稳定性、促进能源消费者自主选择以及促进能源市场发展方面具有显著的效果。

5.1.3.1 降低碳排放

分布式能源的应用可以减少燃煤发电、天然气发电等传统的能源供应方式,降低碳排放。同时,分布式能源可以在本地产生太阳能和风能等可再生能源,这些能源的利用对环境的影响较小,可以有效降低碳排放。

分布式能源中降低碳排放的一些具体措施如下:第一,可再生能源的应用,如太阳能光伏发电、风力发电以及生物质能等。太阳能光伏发电、风力发电技术不需要消耗任何能源,且不会排放任何污染物。生物质能可以利用农作物秸秆、生活垃圾等废弃物来发电,可以减少污染物的排放与废弃物的堆放。第二,采用能源高效的设备和技术。分布式能源系统可以采用能源高效的设备和技术,如发光二极管(LED)灯、高效电器、智能电网等,减少能源的消耗和排放。第三,推广节能措施。节能措施是减少能源消耗和排放的有效方法,如使用高效节能的家电、改善建筑节能、推广低碳出行等,降低碳排放。

分布式能源系统可以减少对化石能源的依赖,从源头上减少二氧化碳等温室气体的排放,同时采用能源高效的设备和技术、推广节能措施等,进一步降低碳排放。

5.1.3.2 提高能源供应的可靠性和稳定性

分布式能源可以在本地产生电能,避免了传统的能源供应方式中可能出现的输电损耗和电网故障等问题,提高能源供应的可靠性和稳定性。

提高分布式能源系统能源供应可靠性和稳定性的具体措施主要包括以下几点:第一,多能源互补。分布式能源系统可以将太阳能、风能、生物质能等多种能源互补利用,提高系统的可靠性和稳定性。例如,在天气不利的情况下,可以利用生物质能发电来补充系统的能源供应。第二,智能控制系统。分布式能源系统可以采用智能控制系统来管理多个能源设备,实现对系统的实时监测和控制,并根据能源需求和供应情况进行优化控制。第三,配置应急备用系统。分布式能源系统可以配置应急备用系统,如备用电池、发电机等,以备不时之需,备用系统可以在主要设备出现故障或停电时提供能源保障。第四,网格互联。分布式能源系统可以采用网格互联技术,将多个能源系统互联起来,提高系统的可靠性和稳定性。网格互联可以实现能源的共享和交换，确保系统在能源供应不足或异常情况下的稳定运行。第五，定期维护和检修。分布式能源系统需要定期进行维护和检修，以确保设备的正常运行和性能稳定。定期的维护和检修可以发现和处理潜在故障，提高系统的可靠性和稳定性。

提高分布式能源系统的可靠性和稳定性需要综合采取多种措施，包括多能源互补、智能控制系统、应急备用系统、网格互联、定期维护和检修等。

5.1.3.3 促进能源消费者自主选择

分布式能源可以让能源消费者更加自主地选择能源的来源和使用方式。促进能源消费者自主选择的具体措施如下：第一，分布式能源系统可以提供多种能源选择，如太阳能、风能、生物质能等，让消费者有更多的选择权，根据消费者喜好和需求选择最适合自己的能源形式。第二，分布式能源系统可以提供能源数据，如能源来源、能源成本、能源效率等，让消费者更加了解能源的各种信息，更好地选择能源种类及使用方式。第三，分布式能源系统可以提供能源管理服务，如能源监测、能源咨询、能源管理等，让消费者更好地了解自己的能源使用情况，便于消费者进行更好的能源管理。第四，分布式能源系统可以提供能源交易平台，让消费者能够直接购买或出售能源，并确定能源的价格和来源。第五，分布式能源系统可以提供能源共享服务，让消费者能够共享能源设备和能源资源，从而更好地利用能源资源，降低能源消费成本。

分布式能源系统可以通过提供多种能源选择、能源数据、能源管理服务、能源交易平台和能源共享服务等措施，促进能源消费者的自主选择，让消费者更好地了解和管理自己的能源消费，发挥更大的作用。

5.1.3.4 促进能源市场发展

分布式能源系统可以促进能源市场的发展，为能源市场带来更多的机会和潜力。具体措施包括以下几点：第一，分布式能源系统可以促进市场竞争，让多个能源供应商和消费者在市场上进行交易，推动市场的发展。市场竞争可以提高能源供应商的服务质量和降低能源价格，让消费者有更多的选择。第二，分布式能源系统可以促进能源交易，让能源供应商和消费者直接进行交易，降低能源交易成本和提高交易效率，促进能源市场的发展，让市场更加活跃和健康。第三，分布式能源系统可以促进能源创新，为能源市场带来更多的机会和潜力。能源供应商可以通过不断创新和改进，提高能源的利用效率和降低能源的成本，在市场上获得更多的竞争优势。第四，分布式能源系统可以促进能源多样化，让市场上出现更多的能源形式和来源，丰富市场的选择，缓解能源短缺和能源供应不稳定的问题，提高市场的可靠性和稳定性。第五，分布式能源系统可以促进政策形成，让政府为能源市场提供更多的支持和激励措施。政策支持可以促进能源市场的发展，吸引更多的投资和创新，推动市场的成长和壮大。

分布式能源系统可以通过促进市场竞争、能源交易、能源创新、能源多样化和政策支持等措施，促进能源市场的发展，为市场带来更多的机会和潜力。

总的来说，分布式能源在低碳基础设施建设中的应用可以促进可再生能源的利用，提高能源供应的可靠性和稳定性，促进能源消费者的自主选择，以及促进能源市场的发展和竞争。因此，分布式能源是低碳基础设施建设中非常重要的组成部分。

5.1.4 节能灯具

节能灯具是一种较传统灯具更加节能、环保的照明设备。它采用先进的制备技术和材料，显著地降低能耗和碳排放，同时也提高照明效果和寿命。常见的节能灯具包括 LED 灯、荧光灯和节能灯管等。它们相比于传统的白炽灯具，能够降低能源消耗 80%以上，并且寿命更长。其中，LED 灯是目前最为流行和普及的一种节能灯具，它具有亮度高、寿命长、无汞、易于控制等优点。除了节能和环保，节能灯具还有许多其他的优点。例如，LED 灯可以提高照明质量和舒适度，减少眩光和阴影，创造更加舒适的照明环境。此外，LED 灯还可以降低灯具的维护成本和更换频率。节能灯具是一种高效、节能、环保的照明设备，可以为人们创造更加舒适、健康、节能的照明环境，同时也能够降低能源消耗和碳排放，为环境保护作出贡献。

节能灯具在低碳基础设施建设中发挥着重要作用，具有节约能源、提高照明效果、延长灯具寿命、降低照明污染以及推动产业升级等效果。

5.1.4.1 节约能源

节能灯具在节约资源方面发挥着重要作用，可以有效地减少能源的消耗，减少对资源的需求和浪费，以下是一些具体的作用：第一，减少能源消耗。节能灯具使用新型的能源技术，如 LED 技术，相比传统灯具可以节约高达 80%的能源，大幅减少能源的消耗。第二，延长资源寿命。节能灯具寿命更长，相比传统灯具耐用性更好，需要的维修和更换更少，从而延长了灯具的使用寿命，减少了对资源的需求和浪费。第三，降低资源开采压力。节能灯具的使用可以降低对能源的需求，从而减少资源的开采压力和环境污染。第四，促进可持续发展。节能灯具的使用有助于促进可持续发展，提高资源利用效率，降低资源消耗和浪费，从而实现经济、社会和环境的可持续发展。第五，降低生产成本。节能灯具的使用可以降低企业的生产成本，从而提高企业的竞争力和经济效益，促进产业的发展。

节能灯具在节约资源方面的作用主要体现为减少能源消耗、延长资源寿命、降低资源开采压力、促进可持续发展以及降低生产成本等，是推动低碳基础设施建设的重要组成部分。

5.1.4.2 提高照明效果

节能灯具在提高照明效果方面也发挥着重要作用，它采用高效的光源技术，可以提供更加高效、舒适和环保的照明，使得室内或室外的照明更加舒适。其具体的作用如下：第一，提高亮度和色彩还原度。节能灯具，如 LED 灯，可以提供更高的亮度和更好的色彩还原度，使得照明效果更加明亮、舒适和自然。第二，改善光照均匀度。节能灯具可以通过智能控制和光学设计等方式，改善光照均匀度，使得照明效果更加均匀和舒适。第三，提高可调节性和智能化。节能灯具可以通过智能控制和可调节性设计，实现人性化、智能化的照明，满足用户个性化的需求。

节能灯具可以提高亮度和色彩还原度，改善光照均匀度，减少眩光和闪烁，提高可调节性和智能化，在提高照明效果方面发挥着重要作用。

5.1.4.3 延长灯具寿命

由于节能灯具的光源采用的是高效、稳定的技术,因此它们的寿命通常比传统的白炽灯更长,这可以减少灯具更换的次数,降低灯具维护的成本。

节能灯具在延长灯具寿命方面发挥着重要作用,其具有以下特点:第一,耐用性更好。节能灯具采用新型的能源技术,具有更长的使用寿命。第二,减少热损耗。节能灯具的能源利用率更高,因此热损耗更少,寿命更长。

节能灯具具有更好的耐用性、不易烧损、更少的热损耗和低维修成本等特点,在延长灯具寿命方面发挥着重要作用。

5.1.4.4 降低照明污染

节能灯具使用的是光学技术和电子技术,可以有效地降低照明污染,减少对周围环境的影响。节能灯具在降低照明污染方面发挥着重要作用,其具有以下特点:第一,节能灯具采用高效光源,如 LED 光源,光照效果更好,可以减少照明污染,降低光害对生态环境的影响。第二,节能灯具采用光学设计、智能控制等技术,可以降低照明污染,减少光束对周围环境和居民的影响。

节能灯具可以减少光污染的影响,在降低照明污染方面发挥着重要作用。

5.1.4.5 推动产业升级

节能灯具是一种新兴的照明设备,采用的是先进的技术和材料,具有节能、环保和智能化等特点,可以推动照明产业的升级和转型。

节能灯具具有采用创新技术、提高产品附加值、扩大市场规模、降低生产成本、促进绿色发展等特点,在推动产业升级方面发挥着重要作用。第一,采用创新技术。节能灯具采用先进的能源技术和工艺,如 LED 技术、智能控制技术等,为产业升级提供新的技术支持,推动产业创新和升级。第二,提高产品附加值。节能灯具采用高品质材料和工艺,具有更高的产品附加值,可以提高产品的技术含量和品牌价值。第三,扩大市场规模。节能灯具具有广泛的市场需求,可以带动相关产业的发展,扩大市场规模,促进经济发展。第四,降低生产成本。节能灯具的生产成本相对较低,可以降低企业的生产成本,提高企业的竞争力。第五，促进绿色发展。节能灯具采用环保材料和工艺，符合绿色发展的要求，可以推动企业向绿色发展模式转型。

节能灯具具有采用创新技术、提高产品附加值、扩大市场规模、降低生产成本和促进绿色发展等特点，在推动产业升级方面发挥着重要作用。

总的来说，节能灯具在低碳基础设施建设中的应用可以通过节约能源、提高照明效果、延长灯具寿命、降低照明污染和推动产业升级等方面发挥作用。推广和使用节能灯具是建设低碳、环保的城市的重要手段之一。

5.2 低碳基础设施在能源领域的优势和劣势

低碳基础设施在能源领域的建设具有许多优势，如降低碳排放、提高能源效率、促进可再生能源利用等，但同时也有一些优势与劣势共存的问题，具体可从成本、效率、可靠性和安全性等方面进行分析。

5.2.1 成本

分析低碳基础设施在能源领域成本方面的优势和劣势，可以发现其优势主要包括以下几点：①成本降低。低碳基础设施采用清洁能源，如太阳能和风能，相比传统能源，如煤炭和石油，其能源成本更低，且低碳基础设施的运营和维护成本也相对较低。②长期经济效益。虽然低碳基础设施的建设成本较高，但其长期经济效益显著。清洁能源的使用可以减少对昂贵的化石燃料的依赖，从而降低能源成本，同时低碳基础设施还能够带来就业机会和产生新的经济增长领域。

其劣势主要包括以下几点：①初始投资高。低碳基础设施的建设成本通常较高。太阳能和风能项目的设备、安装和网络连接等都需要大量的资金投入，这可能对其在一些国家或地区的发展和推广形成一定的挑战。②技术限制。某些低碳技术可能在技术成熟度和可靠性方面存在限制。太阳能和风能的可再生能源可能受到天气条件的影响，导致能源供应不稳定，这可能需要额外的技术和设备来解决这些限制问题，增加了成本。③传统能源依赖。许多国家仍然依赖传统能源——煤炭和石油，这使得推广低碳基础设施的进程更加困难，且传统能源行业的利益相关方可能会抵制低碳基础设施的发展，增加了推广和发展成本。

总的来说，在成本方面，低碳基础设施的优势主要体现在能源成本降低、运营和维护成本较低以及长期经济效益等方面，然而初始投资高、技术限制和传统能源依赖等劣势也会在一定程度上增加低碳基础设施推广的成本。

5.2.2 效率

从效率方面分析低碳基础设施在能源领域的优势与劣势，可以发现其优势主要包括以下几方面：①能源成本降低。低碳基础设施往往利用可再生能源或高效能源技术，这些能源来源相对较便宜且可再生。通过减少对昂贵的化石燃料的依赖，低碳基础设施能够降低能源成本。②运营和维护成本较低。低碳基础设施通常采用先进的技术和自动化系统，使得运营和维护成本相对较低。智能网格可以更有效地管理能源分配和消耗，减少能源浪费和运营成本。③具有长期经济效益。低碳基础设施的初期投资可能较高，但长期来看，通过减少能源成本和环境影响，可以实现长期的经济效益。此外，低碳经济也产生了新的就业机会和促进了产业发展，进一步增加了经济效益。

但低碳基础设施在效率方面的劣势也比较明显：①能源密度限制。一些低碳能源技术，如太阳能光伏发电和风能发电，具有较低的能源密度。相比之下，传统的化石燃料能源（如煤炭和天然气）具有更高的能源密度。低能源密度可能导致需要更大的设备规模和更广阔的资源利用，以满足相同的能源需求。②不稳定的能源供应。可再生能源的不稳定性是低碳基础设施的一个劣势。太阳能和风能的可用性受到天气条件的影响，这使得能源供应变得不确定。这可能需要额外的能源储存和调度系统，以平衡能源的供需，并确保系统的可靠性和稳定性。③低碳基础设施的建设和运营可能会受到政策不确定性的影响，这可能会影响能源的效率。例如，政府的能源政策和支持可能会随时间变化，可能会导致能源价格波动和投资者的不确定性，从而影响能源的效率。

因此，在推动低碳基础设施建设的时候，需要综合权衡这些优势和劣势，并通过技术创新、政策支持和经济激励措施来克服劣势，进一步推动其发展。

5.2.3 可靠性

低碳基础设施在能源领域可靠性方面的优势主要包括以下几点：第一，多样化能源供应。低碳基础设施倾向于采用多样化的能源供应，如太阳能、风能、水能等可再生能源。这种多样化降低了对单一能源的依赖，减少了能源供应的风险。即使某个能源供应受到限制或故障，其他能源的供应仍可继续，提高了能源系统的可靠性。第二，分散化能源生产。低碳基础设施通常具有分散化的能源生产模式。例如，分布式太阳能光伏发电系统和小型风能发电机将能源生产推向用户端，减少了对中心化能源系统的依赖。这种分散化的能源生产模式降低了单点故障的风险，提高了能源供应的可靠性。第三，抗灾能力强。低碳基础设施通常具有较强的抗灾能力。由于可再生能源的分散化和能源储存技术的应用，低碳基础设施在自然灾害或其他突发事件时能够更好地应对能源供应的中断。在自然灾害中，太阳能光伏发电系统和风能发电机可以独立运作，为当地提供可靠的能源供应。

低碳基础设施在可靠性方面的优势包括多样化的能源供应、分散化的能源生产以及抗灾能力的提高。这些优势有助于提高能源系统的可靠性，降低能源供应中断的风险，为可持续能源转型提供稳定和可靠的基础。

但低碳基础设施在能源领域可靠性方面也存在着一定的劣势。第一，易受天气和气候影响。低碳基础设施如太阳能光伏和风能涡轮机依赖于气候条件，天气的变化可能对能源供应产生影响。例如，太阳能发电在阴天或夜晚的产能较低，风能发电在风速不稳定或过低时可能无法提供足够的能源。这种天气和气候的不确定性可能导致能源供应的波动性和间断性。第二，技术可靠性和维护需求较高。一些低碳技术和设备可能具有较高的技术风险和维护需求。例如，能源储存技术（如电池储能系统）在长期使用和频繁充放电过程中可能出现性能下降或损坏的情况。但一些新兴的低碳技术可能尚未经过长期的实际应用验证，其可靠性和耐久性仍需进一步评估。第三，面临资源限制和供应链风险。低碳基础设施建设和运营可能面临资源限制和供应链风险。例如，稀有金属和材料的供应可能受到限制，这可能对清洁能源设备的生产和部署造成影响，且供应链中的其他因素如运输、制造和组装等也可能对低碳基础设施的可靠性产生影响。第四，整体系统复杂性。低碳基础设施往往由多个组件、技术和系统组成，形成一个复杂的整体系统。这种系统复杂性可能增加了故障和操作错误的风险，对系统的可靠性提出挑战，因此需要高水平的技术专业知识和系统管理能力来确保低碳基础设施的可靠运行。

低碳基础设施在可靠性方面的劣势包括易受天气和气候影响、技术可靠性和维护需求较高、面临资源限制和供应链风险以及整体系统的复杂性。这些劣势需要通过技术改进、风险管理和系统设计来加以解决，以提高低碳基础设施在能源领域的可靠性和稳定性。

5.2.4 安全性

低碳基础设施在能源领域安全性方面的优势、劣势表现十分明显，其优势主要包括以下几点：第一，减少能源系统的风险。低碳基础设施主要利用可再生能源，如太阳能和风能，这些能源在生产过程中不会产生有害物质或危险废物。相比之下，传统能源如煤炭和石油的开采、加工和使用过程中存在较高的安全风险，如矿井事故、油气泄漏和火灾等。采用低碳基础设施，能够减少这些潜在的安全风险。第二，较低的爆炸和火灾风险。低碳基础设施主要依赖于可再生能源的转换和利用，这些能源不会产生易燃易爆的气体或液体。而传统能源如天然气和石油存在爆炸和火灾的风险。低碳基础设施的应用可以降低这些风险，提高能源系统的安全性。第三，较低的辐射风险。低碳基础设施中常见的能源转换技术并不涉及放射性物质的使用。而核能等传统能源存在辐射风险，如核辐射泄漏事故可能对人体健康和环境造成严重影响。低碳基础设施的应用可以减少这些辐射风险，提高能源系统的安全性。

同时，低碳基础设施在能源领域的安全性方面也存在一定劣势：第一，能源储存技术的安全性风险。低碳基础设施的发展需要使用能源储存技术来平衡能源供需差异，然而一些能源储存技术如大型电池储能系统存在一定的安全风险。例如，电池过热、电解液泄漏或电池短路可能导致火灾或爆炸。因此，在设计、建造和操作能源储存系统时需要采取相应的安全措施来降低这些风险。第二，新技术的不确定性。低碳基础设施的发展涉及一些新兴技术和设备，这些技术可能尚未经过充分的实验和验证。在引入这些新技术时，可能存在一定的技术可靠性和安全性方面的不确定性。因此，在采用新技术时需要进行充分的研究和评估，确保其安全性和可靠性。

低碳基础设施在能源领域的安全性是一个综合性的问题，需要综合考虑不同因素的影响。上述优势和劣势是一般情况下的概括，并不适用于所有情况。在实际应用中，应根据具体情况进行评估和管理，以确保低碳基础设施的安全性。

针对低碳基础设施在能源领域成本方面、效率方面、可靠性方面以及安全性方面的劣势，需要采取相应的措施来解决。例如，政府可以出台相关政策和法规，提供财政支持和税收优惠，以促进低碳基础设施建设。企业可以加大技术研发和创新投入，提高可再生能源设备的效率和可靠性。同时，需要加强安全管理和监管，确保低碳基础设施的安全运营。这些措施可以克服低碳基础设施建设中的劣势，实现低碳、环保、可持续的能源供应。

5.3 低碳基础设施在能源领域的全球经验和中国实践

建设低碳基础设施是全球应对气候变化，实现可持续发展的重要方向之一。在能源领域，世界各国都在探索和推广低碳基础设施，积极推进清洁能源的开发和利用。其中，可再生能源发电、电网升级、节能建筑在低碳基础设施能源领域全球经验中扮演着重要的角色。许多国家在低碳基础设施建设方面都有着丰富的经验和实践，并且正在不断地推进和完善。

5.3.1 德国

德国是全球低碳基础设施建设的领先者之一，在可再生能源和能源效率方面有着非常积极的政策和丰富的经验。

下面将对德国在低碳基础设施建设方面的几个典型项目和政策进行介绍。

5.3.1.1 北欧电网连接项目(NordLink Project)

北欧电网连接项目是一个跨国电力互联项目，旨在连接德国和挪威的电力系统。该项目由德国输电网运营商 TenneT 和挪威输电网运营商 Statnett 合作开发,并得到了欧洲投资银行和其他合作伙伴的支持。该项目的主要目标是促进可再生能源交流和能源市场整合,增加能源供应的灵活性和可靠性。以下是该项目关键的特点和优势:第一,跨国电力连接。NordLink Project 将通过一条高压直流电缆连接德国和挪威的电力系统,总长约 623 千米。这将打破地理边界,实现两国之间的电力交流,并促进能源供应的多样化。第二,可再生能源交流。挪威主要依靠水力发电,而德国则在可再生能源领域取得了显著进展,尤其是太阳能发电和风力发电领域。通过 NordLink Project,两国可以共享可再生能源,将挪威的水力电能输送到德国,同时将德国的风能和太阳能发的电输送到挪威。这有助于平衡能源供需,提高可再生能源的利用率。第三,能源市场整合。NordLink Project 将促进德国和挪威能源市场的整合。通过提供双向的能源交流通道,该项目将加强两国能源市场之间的联系,提高市场竞争性,并促进电力价格的稳定。第四,灵活性和可靠性。该项目提供了一种灵活的能源互补机制。当德国面临能源短缺时,可以从挪威购买电力;而在挪威出现能源过剩时,可以将多余的电力输送到德国。这种互补关系可以提高能源供应的可靠性,并为两国的能源系统提供备用选择。第五,减少碳排放。通过促进可再生能源的交流和利用,NordLink Project 将减少碳排放。挪威的水力发电是一种清洁能源,而德国的可再生能源替代了传统的化石燃料发电。因此,该项目有助于推动低碳能源转型和减少温室气体的排放。

北欧电网连接项目是一个重要的跨国能源合作项目,通过连接德国和挪威的电力系统,促进可再生能源交流和能源市场整合,提高能源供应的灵活性和可靠性,并减少碳排放。这一项目有助于推动欧洲能源转型和可持续发展。

5.3.1.2 西诺德海洋风能场(SINN Power Ocean Hybrid Platform)

西诺德海洋风能场是德国的一项海洋风能技术项目,旨在利用海洋中的风能和太阳能进行能源发电。该项目由德国公司 SINN Power 开发,目标是为离岸和近海地区提供可持续的能源解决方案。该项目具有以下关键特点和优势:第一,海洋风能和太阳能的整合。该项目采用了一种混合能源系统,将海洋中的风能和太阳能结合在一起进行能源发电。平台上配备了风轮和太阳能板,利用海洋风能和太阳辐射来产生电力。这种整合利用了两种可再生能源，增加了能源的稳定性和可靠性。第二，海洋适应性。该项目主要在海洋环境中运行，具有良好的抗风暴和抗腐蚀性能，能够适应恶劣的海洋条件。第三，灵活的模块化设计。该项目采用了模块化设计，可以根据特定需求进行扩展和适应。第四，环境友好和可持续。该项目利用可再生能源进行发电，减少对传统化石燃料的依赖，从而减少温室气体的排放和环境污染。它有助于推动能源转型，促进可持续发展。第五，多样化的应用领域。该项目可以应用于多个领域，包括离岸能源供应、离岸油气平台的能源支持、离岸渔业和海洋科研等。它为这些领域提供了可靠的、环保的能源解决方案。

德国在低碳基础设施建设方面已经取得了很大的进展，其低碳经济模式成为全球领先的低碳经济模式之一。未来，德国需要继续加大投资和建设，推动低碳基础设施不断完善和发展，加快能源领域的低碳化和可持续发展进程。

5.3.2 丹麦

丹麦是可再生能源利用率最高的国家之一，通过政策和技术创新，实现了在发电、供暖和交通等领域的低碳转型。

5.3.2.1 风能发展

丹麦是全球风能发展的领导者之一，拥有丰富的经验和成功的案例。以下是丹麦风能发展的一些关键方面：第一，风能政策。丹麦在20世纪70年代就开始着手发展风能，并制定了一系列支持政策和法规。政府设定了长期的风能目标，并提供激励措施，如优惠的电力购买价格、税收减免和资金支持，以吸引投资和推动风能项目的发展。第二，研发和创新。丹麦在风能技术的研发和创新方面投入了大量资源，国内的研究机构、大学和行业协会积极推动风能技术的不断改进和创新。丹麦的风能公司也在技术研发和设计方面取得了显著成就。第三，海上风能。丹麦位于北海和波罗的海之间，具有丰富的海上风能资源。丹麦积极推动海上风电技术的研发和部署，建设了多个海上风电场。其海上风电场不仅为国内提供清洁能源，还出口电力到其他国家。第四，风能产业链。丹麦建立了完整的风能产业链，包括风力涡轮机制造、组装、安装、运维和服务等环节。丹麦的风能公司在国内外市场上都具有竞争力,是世界上最大的风力涡轮机制造商之一。第五,教育和培训。丹麦重视风能教育和培训,培养了大批风能专业人才。大学和职业学校均开设了专业的风能课程并授予毕业生相关学位,确保产业拥有高素质的人才队伍。

丹麦的风能发展取得了巨大的成功,已经实现了风能的高比例利用,大部分来自陆上和海上风电。同时风能产业为丹麦创造了就业机会,促进了经济增长,并为国内外提供了可再生能源。丹麦的经验为其他国家在风能发展方面提供了有价值的借鉴,尤其是在政策支持、技术创新和产业链发展方面。

5.3.2.2 生物质能源

丹麦在生物质能源的利用方面也取得了显著的进展。以下是丹麦在生物质能源领域的一些关键方面:第一,生物质供应链。丹麦建立了完整的生物质供应链,包括木材、农作物残渣、废弃物(如生物废弃物)等可再生生物质资源的采集、加工和供应。丹麦拥有大量的森林资源和农田,为生物质能源的可持续供应提供了基础。第二,生物质热能利用。丹麦广泛利用生物质作为热能源。生物质锅炉和生物质热电联供系统被广泛应用于供暖和工业生产。丹麦政府提供了补贴和激励措施,鼓励居民和企业采用生物质热能,以减少对传统化石燃料的依赖。第三,生物质发电。丹麦利用生物质发电以增加可再生能源的比例。生物质发电厂将生物质燃烧产生的热能转化为电能。第四,废弃物能源利用。丹麦十分重视利用废弃物转化为能源的技术,如废弃物焚烧和生物气化。废弃物焚烧厂将废弃物燃烧产生的热能转化为电能和热能。生物气化技术可将生物质转化为可燃气体,用于发电和供热。

丹麦的生物质能源利用不仅减少了对传统能源的依赖,还减少了温室气体排放,对环境和气候变化具有积极影响。丹麦的经验表明,生物质能源在可再生能源多样化和碳减排方面发挥着重要作用。其他国家可以借鉴丹麦的经验,在生物质资源开发、技术创新和政策支持方面不断努力,推动生物质能源的可持续利用。

5.3.2.3 碳排放税

丹麦是世界上最早引入碳排放税的国家之一，早在1992年就开始实施。碳排放税是一种经济工具，旨在通过对二氧化碳和其他温室气体的排放征收税款，鼓励减少碳排放并促进可持续发展。以下是丹麦碳排放税的一些关键方面：第一，征税范围。丹麦的碳排放税覆盖广泛，适用于能源生产、工业生产、运输和暖气等领域，主要涉及电力厂、石油和天然气生产、工厂和工业设施、航空和航运等部门。第二，征税机制。碳排放税根据单位排放量征收，以每吨二氧化碳排放量为基础进行计算。税率根据不同部门和行业的特点而异，以鼓励减少碳排放和转向低碳技术和能源。第三，收入用途。征收的碳排放税被用于支持可再生能源发展、能源效率改进、研发创新和环境保护等方面。一部分税收收入也用于减轻低收入家庭的能源成本负担。第四，负担分配。碳排放税在征收过程中考虑了负担分配的问题。对于一些高能耗的行业或者国际竞争力较弱的行业，政府可能采取适当的减免或补贴措施，以平衡环境目标和经济竞争力。

丹麦的碳排放税政策取得了一定的成效，鼓励了企业和个人采取减排措施，推动了能源转型和碳减排。此外，该政策还为丹麦提供了资金支持，用于可再生能源发展和环境保护。其他国家可以借鉴丹麦的经验，在碳排放征税方面制定相应的政策和措施。

5.3.3 美国

美国在使用可再生能源和提升能源效率方面也有着丰富的实践经验，其低碳基础设施建设方面的典型项目和政策包括可再生能源、电动汽车及规定碳排放等。

5.3.3.1 可再生能源

美国在可再生能源方面取得了很多进展，如在风能、太阳能、生物质能源等领域建设了大量的项目。①印第安纳州的风能项目。印第安纳州位于美国中部，拥有丰富的风能资源。该州推动了一系列风能项目的开发，其中包括建设风力发电场和风力涡轮机制造厂。这些项目吸引了大量投资,为当地带来了就业机会,并增加了清洁能源的供应。②加利福尼亚州的太阳能发电。加利福尼亚州是美国太阳能发电的领头羊。该州采取了积极的政策支持和财务激励措施,鼓励居民和企业采用太阳能系统。加利福尼亚州的太阳能发电系统广泛应用于住宅、商业和工业领域,为该州提供了大量清洁能源。③得克萨斯州的生物质能源。得克萨斯州是美国最大的生物质能源生产州之一。该州利用农业废弃物、木材废料和生物质资源生产生物质能源,如生物柴油和生物质发电。这些生物质能源项目减少了废弃物的处理问题,同时提供了可再生能源和农村经济发展的机会。

5.3.3.2 电动汽车

近些年,美国的电动汽车项目取得了很大的进步,其快速发展的主要因素包括以下几点:①联邦政府支持。美国联邦政府通过制定政策和提供财政支持,积极推动电动汽车的发展。例如,联邦税收抵免措施,提供给购买电动汽车的消费者额外的税收减免;联邦补贴计划,向电动汽车制造商提供资金支持;建设充电基础设施的计划,以便电动汽车充电。②特斯拉(Tesla)的成功。特斯拉是美国电动汽车市场的领导者,其成功案例对于电动汽车的发展起到了重要的推动作用。特斯拉的电动汽车以其卓越的续航里程、高性能和创新的技术而受到消费者的青睐。特斯拉的成功鼓舞了其他制造商投资和开发电动汽车,并推动了整个行业的竞争和创新。③充电基础设施建设。为了支持电动汽车的普及和便利使用,美国各地积极推进充电基础设施的建设。政府、私人企业和非营利组织合作,共同投资和建设充电站网络,覆盖城市、高速公路和停车场等地区。这些充电基础设施的建设使得电动汽车的充电更加方便和可靠。④厂商合作与投资。美国的传统汽车制造商纷纷加大对电动汽车的投资和研发力度。例如,福特(Ford)宣布计划投资数十亿美元用于电动汽车研发,通用汽车(General Motors)计划在未来几年内推出多款电动汽车车型。这些制造商的投资和合作有助于推动电动汽车技术的创新和市场发展。⑤政府目标和州级政策。一些州政府设定了具体的电动汽车销售目标,并采取相关政策来推动实现这些目标。例如,加利福尼亚州计划到2035年实现全州销售的新车全部为零排放车辆。类似的目标和政策在其他州也有出现，进一步推动了电动汽车市场的发展和增长。

这些具体实例展示了美国电动汽车发展的重要进展和成就。通过政府支持、制造商投资、充电基础设施建设和政策推动，电动汽车在美国市场得到了推广和普及，为可持续交通和环境保护作出了积极贡献。

5.3.3.3 规定碳排放

为实现低碳建设，美国开始规定碳排放，具体案例如下：①清洁能源计划（Clean Power Plan）。2015 年，美国环境保护署提出了清洁能源计划，旨在限制发电厂的二氧化碳排放。该计划要求各州通过减少煤炭的使用、增加可再生能源比例和提高能效等方式来降低电力行业的碳排放。然而，该计划在之后的司法和政治争议中受到了挑战，并于 2021 年被撤销。②加利福尼亚州的排放标准。加利福尼亚州是美国碳排放规定的领导者之一，推出了一系列严格的排放标准和政策。其中包括对车辆尾气排放标准的严格限制，要求汽车制造商生产更加清洁和高效的车辆；清洁能源标准，要求电力行业增加可再生能源比例；盖茨法案，规定建筑物的能效要求等。这些措施帮助加利福尼亚州在减少碳排放方面取得了显著进展。③燃油经济标准。燃油经济标准是由美国国家高速交通安全管理局（NHTSA）制定的，要求汽车制造商在一定时间内提高车辆的燃油经济性，包括对轿车和轻型卡车的燃油效率进行限制，以降低车辆的碳排放。政府通过设定逐年提高的标准来推动汽车制造商生产更加节能环保的车辆。④州级碳市场。一些州采取了碳市场机制来限制碳排放并鼓励减排措施。例如，加利福尼亚州实施了碳排放配额交易系统（Cap and Trade），这鼓励企业减少碳排放，并提供经济激励以采取更环保的措施。

这些案例展示了美国在规定碳排放方面的一些具体举措。尽管碳排放政策在国家层面上存在变化和争议，但一些州和地方政府采取了积极的行动，制定了严格的标准和政策，以减少碳排放并推动可持续发展。

美国在低碳基础设施建设方面已经取得了很大的进展，其低碳经济模式成为全球领先的低碳经济模式之一。未来，美国需要继续加大投资和建设，推动低碳基础设施不断完善和发展，加快能源领域的低碳化和可持续发展进程。

5.3.4 中国

中国是全球最大的碳排放国之一，但同时也是可再生能源和低碳基础设施建设的重要推动者。中国在低碳能源基础设施建设方面的典型项目和政策包括可再生能源、电网升级、电动汽车项目以及智慧能源等。

5.3.4.1 可再生能源

中国在可再生能源方面取得了很多进展，是目前全球可再生能源发电装机容量最大的国家之一。

(1)太阳能发电。随着我国光伏、储能产业的发展，相关技术进步迅速，光伏组件、逆变器、储能等关键设备以及产品理论研究、技术研发和实验室水平不断发展和提升，户外实际运行专业性和系统性研究检测能力也需同步跟进。

国家光伏、储能实证实验平台(大庆基地)位于黑龙江省大庆市，是国家能源局批准的首个国家级光伏、储能户外实证实验平台，由国家电投黄河公司建设运维。平台可开展光伏和储能关键设备、产品、系统的户外实证实验检测工作，为新技术、新产品、新方案实际应用效果提供科学的检验对照数据支撑，为国家制定产业政策和技术标准提供科学依据，对推动行业技术进步、成果转化、产业发展具有重要意义。“十四五”期间，国家光伏、储能实证实验平台规划布置实证实验方案约640种，折算规模105万千瓦，将逐年分期实施。2021年折算规模20万千瓦，2022～2025年每年折算规模分别约15万千瓦、15万千瓦、30万千瓦、25万千瓦，总投资约60亿元。完全建成后，每年折算减少碳排放140万吨。一期工程于2021年11月启动运行，布置了6个实验区、161种实证实验方案；二期工程于2022年5月开工建设，布置了4个实验区、111种实证实验方案。

(2)风能发电。随着海上风电的快速发展，积极开发深远海海上风电是未来发展趋势，适应深远海海上风电开发的柔性直流技术是产业升级创新的关键。江苏如东海上风电柔性直流输电项目位于江苏省如东县东部黄沙洋海域，该项目为如东H6、H8、H10三座海上风电场配套建设的海上柔性直流输出工程，额定容量为110万千瓦，由三峡集团牵头实施。如东柔直项目于2020年2

月开工建设，2021 年 12 月项目全容量并网，目前运行可靠稳定。

如东柔直项目是国内首个采用柔性直流输电技术的海上风电项目，采用±400千伏电压等级的 99 千米直流海缆。该项目在实现国内电压等级最高、输送距离最长，国内乃至亚洲首座海上换流站等多项首创的同时，解决了设备关键部件国产化、国产重大装备首台套应用、海上平台浮托安装、大截面直流海缆敷设等多项重大关键技术；实现了风电传输新模式等诸多技术集合运用，填补了国内行业多项空白，为今后深远海大容量海上风电产业升级发挥了较好的推动作用。

该项目年上网电量约 33 亿千瓦时，可满足约 137 万户家庭年用电，与同等规模的燃煤电厂相比，每年可节约标准煤约 100 万吨，减排二氧化碳约 252 万吨，节约淡水约 979 万立方米，具有重要经济、社会和生态效益。

(3)水能发电。三峡电站是世界装机容量最大的水电站，共安装 34 台水轮发电机组，总装机容量 2250 万千瓦，年设计发电量 882 亿千瓦时，是我国“西电东送”和“南北互供”的骨干电源点，电能昼夜不息地被送往华东、华中等地。2003 年 7 月 10 日，三峡电站首台机组投产发电。2012 年 7 月，三峡电站 34 台机组全面投产发电。2017 年 3 月，三峡电站累计发电量突破 10000 亿千瓦时。16000 亿千瓦时清洁电能相当于替代标准煤 4.8 亿多吨，减少二氧化碳排放量 13.2 亿多吨，助力我国构建清洁低碳、安全高效的能源体系。

(4)生物质能源。山东省阳信县是我国北方农村清洁取暖典型模式示范基地。阳信县立足自身实际，充分发挥当地梨树枝条、农作物秸秆、畜禽粪便等生物质原料丰富的资源优势和县域企业木质颗粒、畜禽粪污等生物质热电联产日臻成熟的技术优势，因地制宜地探索出“政府能承担、环境有改善、群众愿接受”的清洁取暖新路径。

阳信县根据全县各区域特点采取了三种生物质供暖技术方案：在县城区、部分乡镇办驻地及村庄推行热电联产集中供暖；在学校、医院、敬老院等公共场所以及部分有条件的村庄，推广“生物质成型燃料＋锅炉机组分布式取暖”；在地理位置偏远、经济基础偏差的村庄，采用“生物质成型燃料＋专用炉具分散式取暖”，形成了“农户就地收集、企业就近加工、全域就地使用”的改造方案。截至 2021 年年底，阳信县已累计完成生物质清洁取暖改造 9.56 万户，加上之前煤改电、煤改气用户，全县95%以上的农户实现了清洁取暖。

阳信县生物质清洁取暖改造取得了显著的经济、生态和社会效益。经济效益方面，与煤改气、煤改电相比，生物质取暖用户改造成本分别低38%、3.2%，使用成本分别低52%、51%；实现颗粒燃料年产量100万吨，产值达12亿元，生物质产业市场广阔。生态效益方面，近年来阳信县空气质量明显改善，$PM_{2.5}$值大幅下降，空气优良天数不断增加。社会效益方面，农户普遍反映改用生物质清洁取暖符合农村传统生活习惯，而且操作简便、安全系数高，居住环境和体验大幅提升。

这些案例展示了中国在可再生能源领域的具体实践。通过政府的政策支持、投资和技术创新，中国不断推动可再生能源的发展和利用，为减少碳排放和实现可持续发展作出了积极贡献。

5.3.4.2 电网升级

中国在智能电网建设方面的投资和建设也在不断加大，计划到2025年实现电网全面升级，建设智能电网。以下是中国低碳基础设施建设中电网升级的具体案例：①广东省广州市南沙智能微电网项目。党的二十大报告指出，要推进粤港澳大湾区建设。地处大湾区几何中心的南沙受到国务院《南沙方案》的重磅政策支持后，通过紧密的政企合作，在“5G+数字电网”、供电可靠性、用电营商环境等领域全方位再上新台阶，全力构建新型电力系统，打造能源低碳发展样板，推进电网高质量发展，建设安全、可靠、绿色、高效、智能的现代化电网。②北京市智能电网示范区建设。2022年9月，国网北京市电力公司正式发布《北京城市副中心新型电力系统示范区建设方案》。按照该方案，2022～2035年，国网北京电力将在城市副中心重点建设“1+4”系列工程，即规划建设“2+6+13”项110千伏及以上电网工程和具有“四维感知”的数字化支撑平台，打造一张数字化坚强电网，提升电网保供能力和资源优化配置能力；聚焦“绿色能源、绿色交通、绿色建筑”三大领域，开展“片区、园区、社区、站点”四级示范建设，实施12项示范项目，推动源、网、荷、储各侧协同发展。③上海市充电桩网络建设。上海市积极推进充电桩网络建设，以促进电动汽车的普及和低碳交通的发展。上海市建设了大量的公共充电桩和专用充电站，覆盖了城市的主要区域和交通枢纽。充电桩网络的建设提高了电动汽车的充电便捷性，鼓励了更多人使用清洁能源交通工具。④四川省超高压直流输电通道建设。四川省建设了一系列超高压直流输电通道，将西部地区的清洁能源（如水电）输送到东部负荷中心。其中，白鹤滩—江苏特高压工程每年输送清洁电能超 300 亿千瓦时，可有力保障江苏的经济社会发展需要，使华东地区每年减少发电用煤 1400 万吨，并推动四川水电大规模开发与外送。

这些具体案例展示了中国在低碳基础设施建设中电网升级的实施情况。通过智能微电网、智能电网示范区、充电桩网络建设和超高压直流输电通道的建设，中国提高了清洁能源的接入程度、能源利用效率和低碳能源的供应可靠性，推动了低碳基础设施的发展。

5.3.4.3 电动汽车项目

中国政府出台了一系列政策，鼓励新能源汽车的生产和销售，以减少交通碳排放和改善空气质量。根据工信部公布的数据，2022 年我国新能源汽车市场规模保持领先，产销量已连续 8 年位居全球第一。中国在电动汽车充电基础设施建设方面的投资和建设也在不断加大。根据中国电动汽车充电基础设施促进会的数据，截至 2022 年 10 月，全国已部署充电桩 470.8 万个，成为全球最大的电动汽车充电基础设施建设市场。以下是中国低碳基础设施建设中电动汽车项目的具体案例：①北京市电动汽车示范推广项目。通过电动汽车示范推广项目，北京市建设了大规模的充电桩网络，并提供了政策支持和优惠措施，鼓励市民购买和使用电动汽车。此外，北京市还建立了电动汽车共享平台，提供便捷的共享电动汽车服务。②上海市积极推动电动汽车的发展，并实施了一系列示范推广项目。上海市建设了大规模的充电桩网络，包括公共充电桩和专用充电站，并提供充电设施建设补贴和购车补贴等政策支持。此外，上海市还鼓励企事业单位和小区建设专用充电桩，提供更便捷的充电服务。③深圳市新能源汽车推广应用示范项目。通过示范项目，深圳市建设了全国最大规模的电动汽车充电桩网络，并推动了公共交通领域的电动化。深圳市还出台了一系列支持政策，包括购车补贴、免费停车和充电等优惠措施，促进了电动汽车的推广和应用。④广东省电动汽车推广应用示范项目。通过建设充电桩网络、推广电动出租车和物流车辆，广东省推动了电动汽车在出租车和物流领域的应用。此外，广东省还提供了购车补贴和充电设施建设补贴等政策支持，鼓励市民和企业购买和使用电动汽车。

这些具体案例展示了中国在低碳基础设施建设中电动汽车项目的实施情况。通过建设充电桩网络、提供政策支持和优惠措施，中国积极推动电动汽车的普及和应用，减少燃油车的使用，降低碳排放和空气污染，推动低碳交通的发展。

5.3.4.4 智慧能源

中国建设了智慧能源项目，通过智能电表、智能电网控制系统等技术，实现了对能源的智能管理和优化利用，提高了能源利用效率和可再生能源的比例。以下是中国低碳基础设施建设中智慧能源的具体案例：①北京大兴国际机场内建有全球最大机场综合能源系统，三星级绿色建筑占比 70%以上，还建有全国民航业规模最大的地源热泵系统和国内首个飞行区跑道旁铺设的光伏系统，是全国应用可再生能源比例最高的机场。②上海市在浦东新区建设了国际智慧能源示范区，以推动能源智能化和低碳发展。该示范区利用物联网、大数据和人工智能等技术，实现了能源系统的智能监测、分析和调度。通过智能电网、智能建筑和智能交通等应用，该示范区实现了能源的高效利用、碳排放的减少和城市可持续发展。③深圳前海片区建设了智慧能源示范项目，以推动清洁能源的利用和碳减排。该项目采用了智能电网技术和分布式能源系统，将太阳能和储能设备与电网相连接，实现了能源的智能供应和优化调度。通过智慧能源管理平台，该项目能够实时监测能源使用情况，并提供智能化的能源管理和节能控制。该项目预计每年发电 14 万千瓦时，可满足其办公区用电需求，减排二氧化碳 140 吨。

这些案例展示了中国在低碳基础设施建设中智慧能源的应用。通过智能化技术和数据分析，中国实现了能源系统的智能监测、调度和管理，提高了能源利用效率，降低了碳排放，并推动了低碳能源的发展和可持续城市的建设。

结合全球经验和中国实践，低碳基础设施在能源领域的总结如下：全球范围内，推动低碳能源发展已成为减少温室气体排放和应对气候变化的重要举措。许多国家和地区采取了一系列措施来促进低碳能源的应用，如发展可再生能源（如太阳能、风能和水力能源）、提高能源效率、推广清洁燃料（如天然气）等。同时，全球范围内也注重建设相应的低碳能源基础设施，包括电力输配网、充电桩基础设施、氢能基础设施等。

能源是经济社会发展的重要物质基础，也是碳排放的最主要来源。要坚持安全降碳，在保障能源安全的前提下，大力实施可再生能源替代，加快构建清洁、低碳、安全、高效的能源体系。

推进煤炭消费替代和转型升级。加快煤炭减量步伐，“十四五”时期严格合理控制煤炭消费增长，“十五五”时期逐步减少。严格控制新增煤电项目，新建机组煤耗标准达到国际先进水平，有序淘汰煤电落后产能，加快现役机组节能升级和灵活性改造，积极推进供热改造，推动煤电向基础保障性和系统调节性电源并重转型。严控跨区外送可再生能源电力配套煤电规模，新建通道可再生能源电量比例原则上不低于50%。推动重点用煤行业减煤限煤。大力推动煤炭清洁利用，合理划定禁止散烧区域，多措并举、积极有序推进散煤替代，逐步减少直至禁止煤炭散烧。

大力发展新能源。全面推进风电、太阳能发电大规模开发和高质量发展，坚持集中式与分布式并举，加快建设风电和光伏发电基地。加快智能光伏产业创新升级和特色应用，创新“光伏＋”模式，推进光伏发电多元布局。坚持陆海并重，推动风电协调快速发展，完善海上风电产业链，鼓励建设海上风电基地。积极发展太阳能光热发电，推动建立光热发电与光伏发电、风电互补调节的风光热综合可再生能源发电基地。因地制宜发展生物质发电、生物质能清洁供暖和生物天然气。探索深化地热能以及波浪能、潮流能、温差能等海洋新能源开发利用。进一步完善可再生能源电力消纳保障机制。到2030年，风电、太阳能发电总装机容量达到12亿千瓦以上。

因地制宜开发水电。积极推进水电基地建设，推动金沙江上游、澜沧江上游、雅砻江中游、黄河上游等已纳入规划、符合生态保护要求的水电项目开工建设，推进雅鲁藏布江下游水电开发，推动小水电绿色发展。推动西南地区水电与风电、太阳能发电协同互补。统筹水电开发和生态保护，探索建立水能资源开发生态保护补偿机制。“十四五”“十五五”期间分别新增水电装机容量4000

万千瓦左右，西南地区以水电为主的可再生能源体系基本建立。

积极安全有序发展核电。合理确定核电站布局和开发时序，在确保安全的前提下有序发展核电，保持平稳建设节奏。积极推动高温气冷堆、快堆、模块化小型堆、海上浮动堆等先进堆型示范工程，开展核能综合利用示范。加大核电标准化、自主化力度，加快关键技术装备攻关，培育高端核电装备制造产业集群。实行最严格的安全标准和最严格的监管，持续提升核安全监管能力。

合理调控油气消费。保持石油消费处于合理区间，逐步调整汽油消费规模，大力推进先进生物液体燃料、可持续航空燃料等替代传统燃油，提升终端燃油产品能效。加快推进页岩气、煤层气、致密油（气）等非常规油气资源规模化开发。有序引导天然气消费，优化利用结构，优先保障民生用气，大力推动天然气与多种能源融合发展，因地制宜建设天然气调峰电站，合理引导工业用气和化工原料用气。支持车船使用液化天然气作为燃料。

加快建设新型电力系统。构建新能源占比逐渐提高的新型电力系统，推动清洁电力资源大范围优化配置。大力提升电力系统综合调节能力，加快灵活调节电源建设，引导自备电厂、传统高载能工业负荷、工商业可中断负荷、电动汽车充电网络、虚拟电厂等参与系统调节，建设坚强智能电网，提升电网安全保障水平。积极发展“新能源＋储能”、源网荷储一体化和多能互补，支持分布式新能源合理配置储能系统。制定新一轮抽水蓄能电站中长期发展规划，完善促进抽水蓄能发展的政策机制。加快新型储能示范推广应用。深化电力体制改革，加快构建全国统一电力市场体系。到 2025 年，新型储能装机容量达到 3000 万千瓦以上。到 2030 年，抽水蓄能电站装机容量达到 1.2 亿千瓦左右，省级电网基本具备 5％以上的尖峰负荷响应能力。

第六章　低碳基础设施在交通领域的应用案例

本章首先介绍低碳基础设施在交通领域的应用和效果，包括公共交通、非机动交通、电动汽车、智能交通等方面；然后分析低碳基础设施在交通领域的优势和劣势，包括增加交通便利性、提高交通舒适性、减少环境影响等方面；最后介绍低碳基础设施在交通领域的全球经验和中国实践。

6.1　低碳基础设施在交通领域的应用和效果

本节主要从公共交通、非机动交通、电动汽车、智能交通等方面介绍低碳基础设施在交通领域的应用和效果。

6.1.1　公共交通

公共交通是城市交通中最主要的组成部分，也是低碳交通的核心之一。通过建设高效、便捷、安全的公共交通系统，鼓励人们减少驾车出行，从而降低交通能耗和碳排放。全球各地的地铁、轻轨、公交等公共交通项目已经投入使用，同时也在不断地扩大规模和提高服务质量。

低碳基础设施在公共交通领域的应用和效果主要有以下几个方面：第一，降低碳排放量，减少尾气排放。公共交通是低碳基础设施的重要组成部分，采用电动公交车、电车和轻轨等电动交通工具，消除尾气排放，减少温室气体和空气污染的排放，降低公共交通的碳排放量，改善城市空气质量。第二，提高城市交通效率，提升城市形象，促进城市可持续发展。低碳基础设施通过提高公共交通系统的运营效率，缓解城市交通拥堵，从而提升城市形象，吸引更多的游客和投资者，推动城市的发展，同时减少对有限资源的依赖，推动城市经济进一步的发展和社会进步。

低碳基础设施在公共交通领域的应用和效果非常明显，有助于提高城市交通效率、降低能源消耗和碳排放量，促进城市的可持续发展。未来，应进一步加强低碳基础设施建设和推广，推动城市向低碳、绿色、可持续发展的方向不断迈进。

6.1.2 非机动交通

非机动交通包括步行、自行车等方式，是低碳交通的重要组成部分。通过建设便捷、安全的人行道和自行车道，鼓励人们选择步行和骑行，减少交通拥堵和碳排放。

低碳基础设施在非机动交通领域的应用和效果主要有以下几个方面：第一，减少碳排放。非机动交通是零碳排放的交通方式，其应用可以显著减少交通领域的碳排放。通过建设完善的步行和骑行基础设施，鼓励更多人选择步行和骑行，减少对汽车的需求，降低碳排放。第二，缓解交通拥堵。通过规划和建设步行和骑行道路网络，减少城市中私人汽车的数量，缓解交通压力，改善道路畅通性。第三，提升城市空间品质。建设美观、宽敞、绿化的步行街和自行车道，提供舒适的步行和骑行环境，可以改善城市居民的出行体验，增加城市的人文氛围和社交活动空间。第四，降低交通事故风险。建设安全的人行道、自行车道和交叉路口设施，设置合理的交通标识和信号灯，可以减少交通事故的发生，保障行人和骑行者的安全。

低碳基础设施在非机动交通中的应用可以促进减少碳排放、缓解交通拥堵、提升城市空间品质和降低交通事故风险，有助于改善城市居民的生活质量，提升城市可持续性，推动低碳交通的发展。

6.1.3 电动汽车

电动汽车是低碳交通的重要发展方向之一。通过建设电动汽车充电设施和推广电动汽车，可以减少交通碳排放，改善空气质量。

低碳基础设施在电动汽车领域的应用和效果主要有以下几个方面：第一，减少碳排放。电动汽车是零排放或低排放的交通方式，其应用可以显著减少交通领域的碳排放。通过推广电动汽车并提供充电基础设施，可以减少传统燃油车的数量，降低交通尾气排放，改善空气质量，减少温室气体的排放。第二，能源优化利用。建设智能充电基础设施和充电管理系统，可以实现对电动汽车充电过程的监控和控制，避免能源浪费和过度充电，提高能源利用效率。第三，降低能源依赖性。通过推广电动汽车和配套的充电基础设施，可以减少对石油的需求，降低能源进口依赖，提高能源安全性。

低碳基础设施在电动汽车领域的应用和效果非常明显，有助于降低交通的碳排放量，优化能源利用，降低对传统能源的依赖性，促进城市可持续发展。未来，应进一步加强低碳基础设施建设和推广，推动城市向低碳、绿色、可持续发展的方向不断迈进。

6.1.4 智能交通

智能交通是利用信息技术和通信技术改善交通流动性和安全性的一种交通方式。通过建设智能交通系统，可以提高交通运行效率，减少交通拥堵和碳排放。中国的智能交通系统已经在多个城市得到应用，实现了交通信号优化、交通拥堵预测等功能，有效地提高了城市交通运行效率。

低碳基础设施在智能交通领域的应用和效果主要有以下几个方面：第一，减少燃料消耗和碳排放。智能交通系统的应用可以减少车辆的怠速时间、行驶距离和停车次数，降低燃料消耗和碳排放。智能导航系统可以提供最佳路线规划，避免车辆绕行和避开拥堵路段，减少不必要的能源消耗。第二，优化交通与缓解拥堵。智能交通系统可以通过实时监测和分析交通状况，提供交通优化策略和路线规划，减少交通拥堵。通过智能信号控制和交通流量管理，可以优化交通信号配时，提高道路通行效率，减少交通堵塞，节约燃料消耗和减少碳排放。第三，促进多式联运和共享出行。智能交通系统的应用可以促进多式联运和共享出行模式，减少个人汽车使用。通过智能交通平台和应用程序，用户可以轻松获取不同交通方式的信息和服务，包括公共交通、出租车、共享单车、共享汽车等，提高出行效率，减少车辆拥有量，降低碳排放。第四，数据驱动的城市规划和决策。智能交通系统可以收集和分析大量的交通数据，为城市规划和决策提供科学依据。通过交通数据分析，可以了解交通需求、出行模式和交通热点，优化交通基础设施的布局和规划，推动可持续城市发展，减少不必要的出行和碳排放。

低碳基础设施在智能交通方面的应用可以优化交通流动，减少燃料消耗和碳排放，促进多式联运和共享出行，提供数据支持的城市规划和决策。这些效果有助于实现可持续交通系统，减少对环境的影响，提高交通效率和城市居民的出行体验。

低碳基础设施在交通领域的应用和效果是多方面的，包括公共交通、非机动交通、电动汽车、智能交通等方面，通过建设高效、便捷、安全的低碳交通系统，可以有效地减少交通能耗和碳排放，同时也为城市可持续发展作出重要贡献。

6.2 低碳基础设施在交通领域的优势和劣势

低碳基础设施在交通领域的建设具有许多优势，如增加交通便利性、提高交通舒适性、减少环境影响等，但同时也存在一些劣势。以下将对低碳基础设施在交通领域的优势与劣势进行介绍。

6.2.1 增加交通便利性

低碳交通设施的便利性是其优势之一。公共交通系统、自行车道和电动汽车充电站等低碳交通设施的建设可以提供多种出行选择，方便市民出行。然而在某些情况下，低碳交通设施的覆盖面不够广和运营时间不够长，可能会影响其便利性。

低碳基础设施在交通便利性方面的优势主要有以下几个方面：第一，提供更多出行选择。低碳基础设施的建设可以提供多种出行选择，包括公共交通、步行、骑行、共享出行等。人们可以根据自身需求和情况选择最适合的交通方式，灵活组合出行方式，提高出行便利性。第二，缓解交通拥堵。低碳基础设施的应用可以通过交通优化和拥堵缓解策略减少交通拥堵。智能交通系统可以实时监测交通状况并提供最佳路线规划，避开拥堵路段，减少出行时间和车辆排队等待时间，提高交通流畅度，增加交通便利性。第三，提供实时交通信息和导航服务。低碳基础设施的应用可以提供实时的交通信息和导航服务，使人们能够及时获取交通状况、路线选择、公共交通到达时间等信息。人们可以根据实时情况作出决策，选择最佳的出行路线，减少时间浪费和不必要的等待，提高出行便利性。第四，改善步行和骑行环境。低碳基础设施的建设可以改善步行和骑行环境，提供更宽敞、安全的人行道和自行车道。行人和骑行者可以更舒适、安全地出行，减少与机动车辆的冲突，提高出行便利性。第五，促进多式联运和无缝衔接。低碳基础设施的应用可以促进多种交通方式的衔接和连接，提供便利的换乘和转移服务。例如，在交通枢纽地区建设综合交通枢纽，将公共交通、自行车、步行等多种交通模式有机结合，使人们能够方便、快捷地进行多种方式式联运，提高出行便利性。

低碳基础设施在交通领域的应用可以提供更多出行选择，缓解交通拥堵，提供实时交通信息和导航服务，改善步行和骑行环境，促进多式联运和无缝衔接，从而增加交通便利性。这些优势有助于提升整体出行效率，改善出行体验，减少时间浪费和交通压力，为人们创造更加便利、高效的出行环境。

然而，低碳基础设施在交通便利性方面也存在一些劣势，主要包括以下几个方面：第一，建设成本高。建设低碳基础设施需要大量的资金投入，建设成本较高，需要政府和社会各界共同承担。第二，技术难度大。低碳基础设施的建设涉及多个领域的技术，技术难度较大，需要专业技术人员的支持和参与。

低碳基础设施在交通便利性方面具有很大的优势，但同时也存在一些劣势，这些劣势并不意味着低碳基础设施不具备价值和重要性，而是需要在规划和实施过程中充分考虑和解决。通过充分评估和综合考虑，可以最大限度地发挥低碳基础设施的优势,同时降低其劣势对交通便利性的影响。

6.2.2 提高交通舒适性

低碳交通设施的舒适性是其优势之一。公共交通的舒适度和便捷性得到提高,自行车道和人行道的建设也可以提高出行的舒适度。但是在某些情况下,低碳交通设施可能受到天气条件的限制,如雨雪天气可能会影响出行的舒适性。

低碳基础设施在交通舒适性方面的优势主要有以下几个方面:第一,减少噪声和空气污染。低碳基础设施的推广可以减少机动车辆的数量和排放,降低交通产生的噪声和空气污染。较少的车辆行驶和排放减少城市交通噪声和有害气体的释放,提升交通环境的舒适性和品质。第二,平滑行驶和减少颠簸。低碳基础设施的改善可以为人们提供更平滑的行驶条件,减少路面的颠簸和不平整。例如,改善道路质量、修复路面损坏等措施可以提高行车的舒适性,减少驾乘者的不适感。第三,提供舒适的公共交通服务。低碳基础设施的改善可以提升公共交通的舒适性。更新和改善公交车辆、增加座位空间、提供空调和舒适的车厢设计等,提升公共交通乘坐体验,使乘客能够更加舒适地出行。第四,优化交通流畅性。低碳基础设施的应用可以优化交通流畅性,减少拥堵情况。通过交通信号灯的协调控制、智能交通管理系统的应用等措施,可以减少车辆停滞和排队的情况,提供更顺畅的行驶体验,增加交通的舒适性。

低碳基础设施在交通领域的应用可以减少噪声和空气污染,提供平滑行驶和减少颠簸,提升公共交通舒适性以及优化交通流畅性,从而提高交通的舒适性。这些优势有助于提升人们出行的舒适感和体验,创造更宜居和宜人的城市交通环境。

然而,低碳基础设施在交通舒适性方面也存在一些劣势,主要包括以下几个方面:第一,建设期间的不便。低碳基础设施的建设可能需要暂时封闭道路或减少车道数量,这可能导致施工期间的交通拥堵和行车不便。这可能会给周边居民和驾驶员带来一定的不便和延误。第二,路线限制和不便。低碳基础设施的布局和规划可能会导致某些路段的改变或限制。例如,规划自行车道可能需要减少机动车道的数量,这可能会导致某些道路的行驶空间变窄,增加交通拥堵和行车不便。第三，适用性差异。低碳基础设施的适用性在不同地区和不同出行需求之间可能存在差异。某些低碳交通模式可能在特定地区或特定时间段内无法满足出行需求，从而限制了交通舒适性的提升。

低碳基础设施在交通舒适性方面具有很大的优势，同时也存在一些劣势，但这些劣势并不是普遍存在，而是在特定情况下可能出现的问题。在规划和实施低碳基础设施时，应综合考虑这些劣势，并采取适当的措施来最大限度地减少其对交通舒适性的影响。

6.2.3 减少环境影响

低碳交通设施的环境影响是其优势之一。低碳交通可以有效减少交通拥堵和碳排放，改善城市空气质量，从而对环境产生积极影响。然而，低碳交通设施的建设和运营也需要消耗能源和产生一定的环境影响，如电动汽车充电设施的电力来源仍然需要考虑其能源结构和环境影响。

低碳基础设施在环境影响方面的优势主要有以下几个方面：第一，减少碳排放。低碳基础设施可以通过鼓励居民选择乘坐公共交通、步行或骑行等低碳出行方式，减少机动车的使用，从而降低碳排放量，对环境产生的负面影响也会减少。第二，保护生态环境。低碳基础设施的建设可以减少对自然环境的破坏，保护生态环境。在城市绿化带外建设自行车道，既可以满足市民的出行需求，又不会对绿化带造成破坏。第三，促进可持续发展。低碳基础设施建设可以促进城市的可持续发展，降低对有限资源的依赖，同时也能推动城市经济的发展和社会进步。

然而，低碳基础设施在环境影响方面也存在一些劣势。低碳基础设施的建设过程可能会对环境产生影响，如建设自行车道需要进行道路改造和铺设新材料，对周边环境造成一定程度的影响。

低碳基础设施在环境影响方面具有很大的优势，但同时也存在一些劣势，需要政府和社会各界共同努力，克服劣势，推动低碳基础设施的建设和推广。

6.2.4 社会接受度

低碳交通设施的社会接受度是其面临的问题之一。一些市民可能对新型低碳交通设施的使用方式和安全性存在疑虑，导致他们不愿意使用这些设施。此外，低碳交通设施的建设需要占用一定的道路和空间资源，可能会影响到其他交通参与者的出行体验和社会接受度。

低碳基础设施在社会接受度方面的优势主要有以下几个方面：第一，低碳基础设施建设可以鼓励居民选择步行、骑行等低碳出行方式，提高身体健康水平，减少慢性病的发生，提高生活质量。第二，低碳基础设施的建设可以提高市民的环保意识和社会责任感，增加市民对环境保护和可持续发展的关注和参与。第三，低碳基础设施建设可以促进城市文明进步，提高市民素质和文明程度，推动城市建设和社会进步。

然而，低碳基础设施在社会接受度方面也存在一些劣势，主要包括以下几个方面：第一，相关政策落实不到位。低碳基础设施的建设需要政府的支持和推动，如果相关政策落实不到位，可能会影响市民的接受度和使用率。第二，设施建设不足。低碳基础设施的建设需要满足市民的出行需求和习惯，如果设施建设不足，可能会影响市民的接受度和使用率。第三，需要切实解决安全问题。低碳基础设施的建设需要考虑安全问题，如果存在安全隐患，可能会影响市民的接受度和使用率。第四，市民习惯难以改变。低碳基础设施的建设需要市民改变出行习惯和方式，如果市民的习惯难以改变，可能会影响低碳基础设施的使用率。

低碳基础设施在社会接受度方面具有很大的优势，但同时也存在一些劣势，需要政府和社会各界共同努力，克服劣势，提高低碳基础设施的社会接受度和使用率。

综上所述，低碳基础设施在交通领域具有便利性、舒适性、环境影响等优势，同时也面临着社会接受度和资源占用等劣势，在推广低碳交通设施时需要充分考虑社会接受度和可持续性等因素，以便更好地发挥其优势和应对其劣势。

6.3 低碳基础设施在交通领域的全球经验和中国实践

低碳基础设施在交通领域的应用是全球可持续交通发展的重要方向之一，

许多国家都在推进低碳基础设施在交通领域的发展，如新加坡、荷兰、日本以及中国都在积极实践低碳交通发展的各项举措。

6.3.1 新加坡

新加坡一直致力于推动低碳经济和可持续发展，其在低碳基础设施建设方面取得了显著进展。以下是新加坡在交通领域的一些典型低碳基础设施项目和政策。

6.3.1.1 地铁系统建设

新加坡的地铁系统是东南亚最先进和最完善的地铁系统之一，它已经成为新加坡公共交通系统的重要组成部分。新加坡地铁系统的建设始于 1987 年，至今已经有 6 条地铁线路，总长度超过 230 千米，共有 142 个站点。地铁系统不仅可以减少城市内的汽车使用，减少交通拥堵和碳排放，而且还通过采用先进技术，如智能化车站管理系统和能源回收系统等，提高能源效率。

6.3.1.2 公共自行车系统

新加坡政府在 2017 年推出了公共自行车系统，名为“oBike”。这个系统允许市民通过智能手机应用程序租借自行车，减少私家车的使用，从而减少交通拥堵和碳排放。该系统的规模很大，共有 14000 辆自行车，分布在新加坡的不同地区，市民可以通过应用程序轻松地找到自行车，并进行租借。

6.3.1.3 地下人行通道

新加坡政府在 2019 年开通了地下人行通道，名为“地下人行通道计划”。该计划旨在提高市民步行的便利性和舒适度，减少交通拥堵和碳排放。该项目共涉及 5 个地下人行通道，总长度超过 5 千米，连接了新加坡市中心的不同地区。

6.3.2 荷兰

荷兰是一个在低碳基础设施建设方面处于领先地位的国家，其在交通领域推进低碳基础设施也有一些成功的具体案例。

6.3.2.1 自行车道建设

荷兰是一个著名的自行车友好型国家，其自行车道网络被认为是全球最好的自行车道网络之一。荷兰的自行车道始建于20世纪70年代，到目前为止已经建设了超过35000千米的自行车道网络，涵盖了整个国家。荷兰的自行车道不仅可以减少城市内的汽车使用，而且还能减少交通拥堵和碳排放；荷兰还通过应用先进技术，如智能化自行车道路灯和自行车停车系统等，提高能源应用效率。

6.3.2.2 电动汽车充电基础设施建设

荷兰政府积极推广电动汽车的使用，建设了大量的充电基础设施。目前，荷兰的电动汽车充电站数量已经超过50000个，覆盖了整个国家。这些充电站采用了智能化技术，如动态定价和远程监控等，以提高能源效率和服务质量。

6.3.2.3 港口绿色化

荷兰拥有欧洲最大的港口，其在港口绿色化方面也取得了很大的进展。荷兰政府一直在推动港口的绿色化，通过引入智能化技术和可再生能源等手段，减少碳排放和污染。例如，鹿特丹港口引入了智能化船舶调度系统和自动化装卸系统，提高了工作效率，减少了碳排放。

6.3.3 日本

日本在低碳基础设施建设方面一直处于领先地位，以下是其在交通领域推进低碳基础设施建设的一些具体案例。

6.3.3.1 新干线高速铁路

新干线高速铁路是世界上最快的铁路系统之一，其最高时速可达到320千米。该铁路系统始建于20世纪60年代，至今已经发展成为超过2700千米的铁路系统，连接了日本全国各地。新干线高速铁路的车辆采用了轻量化材料和先进的气动设计，以降低能源消耗和碳排放。

6.3.3.2　智能交通管理系统

日本政府在交通管理方面采用了智能化技术，如采用智能交通信号控制系统和智能交通信息系统等。这些系统可以实时监测交通情况，并根据实际情况调整交通信号，从而减少交通拥堵和碳排放。

6.3.4　中国

中国政府一直在积极推进低碳交通的建设和应用，如北京计划到 2025 年建设约 70 万个电动汽车充电桩，并且推广新能源公交车。此外，中国政府也在积极推广骑行和步行等低碳交通方式，如北京正在建设全长超过 5000 千米的自行车道网络。以下是中国在交通领域推进低碳基础设施建设的一些具体案例。

6.3.4.1　公共电动交通工具推广

中国在低碳基础设施建设中大力推广公共电动交通工具。①公交电动化。中国在城市公共交通领域推广了大规模的电动公交车项目，如北京、上海、深圳等大城市已经实现了公交车全面电动化。这些城市逐步淘汰传统的燃油公交车，采用电动公交车，以降低公共交通的碳排放和空气污染。②出租车电动化。中国在出租车行业也积极推广电动化。许多城市鼓励出租车公司和司机更换为电动出租车。例如，北京、上海、广州等城市设立了电动出租车专用充电桩，并提供相关补贴和优惠政策，促使出租车行业向电动化转型。③共享单车系统。中国的许多城市推出了共享单车系统，提供便捷的短途出行选择。这些共享单车系统中的自行车多数采用了电动助力技术，使骑行更加轻松和高效。这种低碳出行方式在城市中受到广泛欢迎，减少了对汽车的依赖，缓解了交通拥堵和环境污染。

新能源汽车国家大数据联盟发布的数据显示，2023 年 5 月，全国新能源汽车月度碳减排量首次突破 700 万吨，同比增长 74％。2023 年 1～5 月，全国新能源汽车碳减排量累计达到 3000 万吨，同比增长 66％。

通过电动公交车、电动出租车、共享单车系统等，中国鼓励人们减少对燃油车的使用，转向更加环保和可持续的交通方式，从而减少碳排放和改善城市空气质量。

6.3.4.2 高速铁路系统建设

中国的高速铁路系统也是世界上最快的铁路系统之一，其最高运营时速可达到 350 千米。中国政府在高速铁路系统建设方面投入了大量的资金和人力，目前已经有超过 30000 千米的高速铁路系统建成。以下是中国在高速铁路建设方面的一些具体案例，展示了其在低碳交通领域所做的努力：①全国高速铁路网络建设。中国政府致力于建设全国范围内的高速铁路网络，将城市和地区连接起来。截至 2021 年 9 月，中国已经建成了世界上最长的高速铁路网，总里程超过 4.1 万千米。②京沪高速铁路。京沪高速铁路是中国首条商业运营的高速铁路线路，全长约 1318 千米，连接北京和上海两个重要城市。该线路采用了先进的高速铁路技术，列车时速可达 350 千米。③京广高速铁路。京广高速铁路是连接北京和广州的高速铁路线路，全长约 2324 千米。该线路通过沿途的大城市和经济发达地区，改善了北方和南方地区之间的交通连接，促进了经济发展和区域一体化。④兰新高速铁路。兰新高速铁路是连接兰州和乌鲁木齐的高速铁路线路，全长约 1776 千米。该线路穿越了中国的西北地区，穿过高山、戈壁和草原等各种地形。兰新高速铁路的建设在西部地区提供了快速、便捷的交通选择，推动了西部地区的发展和脱贫攻坚。庞大的高速铁路网络使得旅客可以更快捷、低碳地出行，减少了对传统交通方式的依赖。

通过建设高速铁路网络，提供高效、低碳的出行方式，减少碳排放和环境污染。这些高速铁路的建设不仅改善了交通运输效率，还促进了经济发展、区域一体化和人民生活水平的提高。

6.3.4.3 充电基础设施建设

中国政府一直在积极推广电动汽车的使用，为此建设了大量的充电基础设施。截至 2022 年 10 月，全国已部署充电桩 470.8 万个，覆盖了全国各地。中国在低碳基础设施建设中充电基础设施建设方面取得了显著进展，以下是一些具体案例：①城市充电桩建设。中国各大城市积极推动充电桩的建设，以满足电动汽车的充电需求。例如，北京、上海、深圳等一线城市在主要道路、商业区、停车场等地点大规模建设充电桩。这些充电桩普遍可以提供快充和慢充两种充电模式，以满足不同用户的需求。②公共停车场充电设施。中国的公共停车场普遍配备了充电设施，为电动汽车提供充电服务。例如，购物中心、写字楼、医院等公共停车场提供了专门的充电设施，方便用户在停车的同时进行充电。③高速公路充电站建设。中国在高速公路沿线建设了一系列充电站，以支持长途电动汽车的充电需求。这些充电站通常配备了多个充电桩，并提供快速充电服务，使电动汽车车主能够在长途旅行中快速充电。④充电网络平台建设。中国建立了多个充电网络平台，以为用户提供便捷的充电服务。这些平台通过手机应用程序或网站，为用户提供充电桩的实时信息、预约充电、支付服务等功能，方便用户随时找到充电桩并进行充电。⑤充电设施标准化推广。中国推广了一系列充电设施的标准化，以确保充电设施的安全性、兼容性和互操作性。制定统一的接口标准和通信协议，使不同品牌的电动汽车都能够使用充电设施，提高了充电设施的利用率。

通过大规模建设充电桩、配备充电设施的公共停车场、高速公路充电站以及推广充电网络平台等措施，为电动汽车提供广泛的充电服务，促进电动交通的发展和普及，推动低碳出行的实现。

6.3.4.4 共享单车的推广

共享单车是一种新型出行方式，即通过共享单车公司提供的智能化自行车，让用户在城市内短距离出行。这种出行方式在中国迅速流行起来，成为城市出行的一种重要方式。共享单车最初在中国的大城市中兴起，像是北京、上海和广州等地。这些城市的人口数量众多，交通拥堵问题十分突出，而共享单车通过提供便捷、快速、低碳的出行方式，得到了很多人的青睐。

中国共享单车市场已经历了三个发展阶段。2007～2010 年为第一阶段，由国外兴起的公共单车模式开始进入国内，由政府主导、分城市管理，多为有桩单车。2010～2014 年为第二阶段，专门经营公共单车市场的企业开始出现，但公共单车仍以有桩单车为主。2014 年之后为第三阶段，随着移动互联网的快速发展，以摩拜为首的互联网共享单车应运而生，更加便捷的无桩单车开始取代有桩单车。

中国在低碳基础设施建设中大力推广共享单车，以下是一些具体案例：①摩拜单车投放。摩拜单车是中国最大的共享单车品牌之一。它在中国多个城市投放了大量的共享单车，提供了便捷、环保的短途出行选择。用户可以通过手机应用程序找到附近的摩拜单车，使用后放置在指定的停车点，方便其他用户继续使用。摩拜单车的推广大大促进了城市中的绿色出行和低碳交通。②共享单车停车点建设。为了支持共享单车的推广和管理，中国许多城市都建设了共享单车停车点。这些停车点位于公共区域、商业区和居民区等地，提供了专门的停放区域，方便用户停放和借还共享单车。这种有序的停车点管理使得共享单车的使用更加方便和规范。③政策支持和规范管理。中国政府出台了一系列支持共享单车发展的政策和规范管理措施。例如，为共享单车提供停车位、优惠政策和补贴；制定共享单车的停放规定和使用规范，加强对共享单车企业的监管等。这些政策和管理措施为共享单车行业的发展提供了良好的环境和支持。

目前，北京共享单车总量在 95 万辆左右，日均骑行量超过 240 万人次，成为衔接城市轨道交通的最佳选择。自 2016 年进入北京后，共享单车在接驳公共交通"最后一公里"、倡导市民绿色出行中发挥了积极作用。目前，北京的共享单车运营企业由鼎盛时期的 16 家减少至美团、哈啰、青桔 3 家，运营车辆数由 235 万辆调控至 95 万辆左右，运营车辆合规率、动态接入率均在 95%以上，初步形成中心城区 1 个运营区、郊区 N 个运营区的"$1+N$"格局，车辆运营区域由五环内逐渐扩大至所有行政区均有覆盖。2021 年，北京全市共享单车年骑行量达 9.5 亿人次，单日最高骑行量突破 471 万人次。截至目前，自行车专用路累计使用量已经超过 524 万人次，日均骑行量 4500～5000 人次。根据自行车专用路使用者交通方式转移情况测算，自行车专用路已累计贡献超过 1500 吨的碳减排量。

通过摩拜单车等共享单车品牌的投放、建设共享单车停车点以及政策支持和规范管理，中国鼓励市民采用共享单车作为低碳出行的选择，减少了碳排放和城市交通的压力，促进了绿色出行的普及。

6.3.4.5 轨道交通网络扩展

中国不断扩展城市地铁和轻轨交通网络，提供更广泛的覆盖和便利的公共交通选择。新建的地铁线路和轻轨线路通常采用先进的低碳技术和设计，以减少能源消耗和环境影响。中国在低碳基础设施建设中积极扩展轨道交通网络，以下是一些具体案例：①高铁网络扩展。中国在过去几十年中大力发展高铁网络，将高速铁路线路延伸到更多的城市和地区。例如，中国已建成了世界上最长的高速铁路网，包括京沪高铁、京广高铁、沪昆高铁等。这些高铁线路提供了快速、高效、低碳的城际交通方式，促进了区域经济发展和人员流动。②地铁网络建设。中国许多城市在低碳基础设施建设中积极推进地铁网络的建设。例如，北京、上海、广州、深圳等一线城市已经建成了大规模的地铁系统，并持续扩展地铁线路覆盖的范围。这些地铁线路为城市居民提供了便捷、快速和环保的公共交通选择，减少了对私家车的依赖。③轻轨建设。轻轨是一种低碳交通方式，通常运营在城市内部或郊区，具有较低的建设成本和运营成本。例如，成都、武汉、杭州等城市已经建成了轻轨交通系统，提供了城市内部的快速、便捷的公共交通服务。④城市有轨电车建设。有轨电车具有零排放、低噪声的特点，适合在城市核心区域运营。例如，广州、南京、西安等城市已经建成了有轨电车线路，并计划进一步扩展和完善有轨电车网络。

据报道，深圳地铁率先探路"低碳高质"发展，落实节能减排。同时，地铁建设探索节能创新，从轨道交通四期工程开始，推动应用智能环控系统，实现全线系统节能35%以上，深圳城市轨道交通发展积极向"双碳"目标迈进。

乘地铁，每人每千米减少46.8克碳排放。2021年，深圳地铁全线网全年累计运送乘客21.7亿人次，全市公共交通分担率达60.4%。按照《深圳市低碳公共出行碳普惠方法学》测算，相比一般市内出行，深圳地铁单日通行人次减碳量超过2000吨。2021年，全年共实现碳普惠减排量78.4万吨，相当于3.92万公顷林地的一年吸收量。

近年来，深圳在城市轨道建设中启动绿色节能科研项目，通过技术创新，在工程建设项目中实践智慧照明、光伏发电、智慧控制等理念，为节能降耗"添砖加瓦"。

轨道建设应用光伏实现节电省煤。作为深圳轨道交通线网重要换乘节点的黄木岗枢纽，总建筑面积约15万平方米。因其为全地下工程，白天需要大量动力照明用电，这十分契合光伏技术日照时间发电量高的特点，因此成为光伏应用实践的样本。黄木岗枢纽光伏整体采用分布式低压侧联结方案，在出入口、出地面电梯厅等区域安装碲化镉光伏玻璃，主要供应枢纽内常亮的公共区域照明，兼顾分体空调、防盗卷帘、热水器等部分小动力负荷，年发电量约37.96万千瓦时，年减少碳排放量3.052吨，节省标准煤120吨，减少硫化物排放0.8吨。地铁6号线的12个高架站也应用了光伏发电系统，采用即发即用的并网方式，就近供给车站所有低压负载使用，1年下来发电超200万千瓦时，可满足高架车站约30％的动力照明用电需求。

地铁四期工程智慧赋能节能超35％。深圳轨道交通进入四期工程以来，推动应用智能环控系统，实现全线系统节能35％以上。深铁智能环控系统是运用信息技术和通信技术手段，对地铁通风空调系统全寿命周期做出智能化有效管控，自动规划最优、最节能的运行方案。据测算，地铁四期工程仅使用智能环控系统这项节能技术，全寿命周期可节省约2.3亿元资金。为实现节能目标，深铁集团针对再生制动能量回馈系统应用中存在的占地面积大、能效低等问题，创新性地提出了“柔性牵引供电”技术方案，研发出一套集变压、整流和能馈等功能于一体的大容量柔性牵引供电成套设备，具有系统集成度高、设备功率密度高、节省设备占地空间、减少工程投资等优点。有数据显示，与此前使用的“整流器＋中压能馈”牵引供电系统相比，该方案不仅能减少设备占地面积、节省土建投资，还可有效降低牵引供电系统设备初始投资近15％、降低运行损耗近10％。

通过发展高铁网络、扩建地铁系统、建设轻轨和有轨电车等措施，中国提供了更多的低碳交通选择，减少了对燃油车的依赖，降低了碳排放，缓解了交通拥堵，改善了城市发展的可持续性和环境质量。

2021年，国务院印发《2030年前碳达峰行动方案》，提出要加快形成绿色低碳运输方式，确保交通运输领域碳排放增长保持在合理区间。

推动运输工具装备低碳转型。积极扩大电力、氢能、天然气、先进生物液体燃料等新能源、清洁能源在交通运输领域应用。大力推广新能源汽车，逐步降低传统燃油汽车在新车产销和汽车保有量中的占比，推动城市公共服务车辆电动化替代，推广电力、氢燃料、液化天然气动力重型货运车辆。提升铁路系统电气化水平。加快老旧船舶更新改造，发展电动、液化天然气动力船舶，深入推进船舶靠港使用岸电，因地制宜开展沿海、内河绿色智能船舶示范应用。提升机场运行电动化智能化水平，发展新能源航空器。到 2030 年，当年新增新能源、清洁能源动力的交通工具比例达到 40%左右，营运交通工具单位换算周转量碳排放强度比 2020 年下降 9.5%左右，国家铁路单位换算周转量综合能耗比 2020 年下降 10%。陆路交通运输石油消费力争 2030 年前达到峰值。

构建绿色高效交通运输体系。发展智能交通，推动不同运输方式合理分工、有效衔接，降低空载率和不合理客货运周转量。大力发展以铁路、水路为骨干的多式联运，推进工矿企业、港口、物流园区等铁路专用线建设，加快内河高等级航道网建设，加快大宗货物和中长距离货物运输“公转铁”“公转水”。加快先进适用技术应用，提升民航运行管理效率，引导航空企业加强智慧运行，实现系统化节能降碳。加快城乡物流配送体系建设，创新绿色低碳、集约高效的配送模式。打造高效衔接、快捷舒适的公共交通服务体系，积极引导公众选择绿色低碳交通方式。“十四五”期间，集装箱铁水联运量年均增长 15%以上。到 2030 年，城区常住人口 100 万以上的城市绿色出行比例不低于 70%。

加快绿色交通基础设施建设。将绿色低碳理念贯穿于交通基础设施规划、建设、运营和维护全过程，降低全生命周期能耗和碳排放。开展交通基础设施绿色化提升改造，统筹利用综合运输通道线位、土地、空域等资源，加大岸线、锚地等资源整合力度，提高利用效率。有序推进充电桩、配套电网、加注（气）站、加氢站等基础设施建设，提升城市公共交通基础设施水平。到 2030 年，民用运输机场场内车辆装备等力争全面实现电动化。

第七章　低碳基础设施在水利领域的应用案例

本章首先介绍低碳基础设施在水利领域的应用和效果，然后分析低碳基础设施在水利领域的优势和劣势，最后展示低碳基础设施在水利领域的全球经验和中国实践。

7.1　低碳基础设施在水利领域的应用和效果

低碳基础设施应用在水利领域可以提高水资源利用效率、保护水环境、促进水电能源的开发和利用以及实现水资源的调控和管理。

7.1.1　节水灌溉

传统的灌溉方式通常会浪费大量的水资源，而节水灌溉低碳基础设施可以通过采用节水灌溉技术来减少水资源的浪费。例如，滴灌灌溉系统、微喷灌溉系统等可以在减少水量的同时保证农作物的生长和发展。这些方式可以减少水资源的浪费、降低碳排放，同时还可以提高土地的利用率。

节水灌溉低碳基础设施是指在灌溉领域利用现代科技手段，采取节水措施和低碳技术来提高水资源利用效率和减少碳排放的设施。其应用和效果如下：第一，提高水资源利用效率。传统的灌溉方式通常采用大量的淋溉和泵送，浪费水资源。采用节水灌溉低碳基础设施，如滴灌、微喷等，可以减少水资源浪费，提高水资源的利用效率。第二，降低碳排放。传统的灌溉方式通常需要大量的能源消耗，如燃油、电力等，同时还会产生大量的温室气体。采用节水灌溉低碳基础设施，可以减少能源消耗和碳排放，实现低碳经济。第三，降低灾害风险。传统的灌溉方式通常会导致水资源的过度开采和排放，增加洪涝、干旱等自然灾害的风险。采用节水灌溉低碳基础设施，可以减少水资源的过度开采和排放，降低灾害风险。第四，促进农业可持续发展。节水灌溉低碳基础设施的应用可以增加农业生产效率和收益，同时还可以减少对环境的污染和对水资源的过度开采，促进农业可持续发展。

节水灌溉低碳基础设施在水利领域的应用可以提高水资源利用效率、降低碳排放、降低灾害风险、促进农业可持续发展，具有重要的经济、社会和环境效益。

7.1.2 雨水收集

雨水收集是指在建筑物、道路和其他场所收集降雨过程中的雨水，以减少城市排水系统的负担。雨水收集低碳基础设施可以通过雨水收集系统，将雨水收集、储存和利用起来。这种方式可以减少城市排水系统的负担，降低碳排放，同时还可以提高水资源的利用效率。

雨水收集低碳基础设施是指在城市和乡村地区收集和利用雨水的设施和技术，以减少雨水的流失和污染，并提高水资源利用效率。其应用和效果如下：第一，减少雨水的流失和污染。传统的城市排水系统通常会将雨水排放到河流或排水管道中，导致水资源的浪费和污染。采用雨水收集低碳基础设施，可以将雨水收集起来，通过处理后再利用，减少雨水的流失和污染。第二，提高水资源利用效率。采用雨水收集低碳基础设施，可以将雨水收集起来，用于农业灌溉、城市绿化、工业用水等，提高水资源的利用效率。第三，降低城市洪涝灾害风险。城市化进程加快后，城市地表覆盖面积增加，导致雨水径流加快，容易引发城市洪涝灾害。采用雨水收集低碳基础设施，可以将雨水储存起来，减缓雨水径流速度，降低城市洪涝灾害风险。第四，促进城市可持续发展。雨水收集低碳基础设施可以减少城市的水资源浪费和污染，提高水资源利用效率，同时还可以降低城市洪涝灾害风险，促进城市可持续发展。

雨水收集低碳基础设施在水利领域的应用可以减少雨水的流失和污染，提高水资源利用效率，降低城市洪涝灾害风险，促进城市可持续发展，具有重要的经济、社会和环境效益。

7.1.3 污水处理

污水处理是指将城市和工业区域的污水经过处理后，使其达到排放标准，以减少对环境的污染。污水处理低碳基础设施可以通过采用先进的污水处理技术、建立污水处理设施等方式来减少污水对环境的污染。这种方式可以降低碳排放，同时还可以提高水资源的利用效率。

污水处理低碳基础设施是指在城市和乡村地区对污水进行处理的设施和技术，可以减少污染物的排放和对水资源的污染，并提高水资源的利用效率。其应用和效果如下：第一，减少污染物的排放和对水资源的污染。传统的污水处理方式通常采用化学药剂或生物方法进行处理，但这些方法会消耗大量的能源和资源，并产生大量的污染物。采用污水处理低碳基础设施，如植物沼气池、人工湿地等，可以减少污染物的排放和对水资源的污染。第二，提高水资源的利用效率。采用污水处理低碳基础设施，可以将污水进行处理后再利用，如用于农业灌溉、城市绿化、工业用水等，提高水资源的利用效率。第三，促进水资源可持续利用。污水处理低碳基础设施可以提高水资源的可持续利用率，同时还可以减少对水资源的过度开采和排放，促进水资源的可持续利用。

污水处理低碳基础设施在水利领域的应用可以减少污染物的排放和对水资源的污染，提高水资源的利用效率，促进水资源的可持续利用，具有重要的经济、社会和环境效益。

7.1.4 海水淡化

海水淡化是指采用技术手段将海水转化为淡水，以满足人们的生活和工业用水需求。海水淡化低碳基础设施可以采用先进的海水淡化技术来减少能源的消耗和碳排放。这种方式可以提高水资源的利用效率，同时还可以降低碳排放。

海水淡化低碳基础设施是指利用先进的技术和设备，将海水转化为可供人类使用的淡水的设施和技术，以满足人类对水资源的需求。其应用和效果如下：第一，提供可靠的淡水资源。海水淡化低碳基础设施可以将海水转化为可供人类使用的淡水，解决水资源短缺的问题，提供可靠的淡水资源。第二，减少对地下水的过度开采。海水淡化低碳基础设施可以减少对地下水的过度开采，保护地下水资源，同时也可以减少对地下水的污染，保护水资源。第三，降低能源消耗和碳排放。传统的海水淡化方式通常需要大量的能源消耗，如燃油、电力等，同时还会产生大量的温室气体。采用海水淡化低碳基础设施，如太阳能海水淡化系统等，可以减少能源消耗和碳排放，实现低碳经济。第四，促进水资源的可持续利用。海水淡化低碳基础设施可以提供可靠的淡水资源，同时也可以减少对地下水的过度开采和污染，促进水资源的可持续利用。

海水淡化低碳基础设施在水利领域的应用可以提供可靠的淡水资源，减少对地下水的过度开采和污染，降低能源消耗和碳排放，促进水资源的可持续利用，具有重要的经济、社会和环境效益。

7.1.5 远距离调水

远距离调水也是低碳基础设施在水利领域的一种应用。远距离调水是指通过调水工程，将水资源从丰水期的地区调配到缺水期的地区，以满足不同地区的用水需求。这种调水方式可以最大限度地利用水资源，减少水资源的浪费和损失，同时也减少了因水资源短缺而引起的社会和生态问题。

远距离调水的效果主要体现在以下几个方面：①充分利用水资源。远距离调水可以将水资源从丰水期的地区调配到缺水期的地区，实现水资源的跨区域调配，充分利用水资源，减少缺水地区对地下水的开采，从而防止出现地下水位下降造成的土壤沉降、地裂缝等环境问题，以及减少开采过程中排放的二氧化碳，还可以减少缺水地区对水源的依赖，降低污水处理和再利用所需的能源消耗和温室气体排放。②保护生态环境。远距离调水可以避免因水资源短缺而采取过度开采地下水、河流等方式，减少对生态环境的破坏。远距离调水还可以改善缺水地区的生态环境，增加绿化覆盖率和植被生长，从而增加碳汇作用，减少土壤侵蚀和沙漠化等现象。③促进区域经济发展。远距离调水可以满足不同地区的用水需求，促进区域经济的发展和社会稳定。例如，通过向干旱的地区输送水资源，可以保证当地农业生产的正常运转，提高当地居民的生活水平。

当然，远距离调水也会带来一些负面影响，如对输水地区的生态系统造成干扰、影响河流的自然流量和水质、增加输水管渠的建设和维护成本等。因此，在实施远距离调水项目时，需要综合考虑各方面的因素，进行科学合理的规划和评估，以实现远距离调水的可持续发展。

综上所述，低碳基础设施在水利领域的应用可以提高水资源利用效率、降低碳排放、改善环境质量等。未来，随着低碳技术的不断发展和推广，低碳基础设施在水利领域的应用将会越来越广泛。

7.2 低碳基础设施在水利领域的优势和劣势

低碳基础设施在水利领域的建设具有许多优势，如资源利用率高、水质保障能力强、生态效益好、经济可行性高等，但同时也存在一些劣势，如技术难度大、资金投入大、维护难度高、政策环境不确定等。下面对低碳基础设施在水利领域的优势与劣势进行介绍。

(1)低碳基础设施采用先进的技术手段，在水资源的利用效率方面具有显著的优势。人们可以通过建设节水灌溉系统、推广滴灌和喷灌技术等方式，减少水资源的浪费和损失，提高农业和城市用水效率，实现水资源的节约和合理利用。人们可以通过建设污水处理厂、推广生态治理等方式，减少水污染和水生态破坏，保护水生态环境，实现水资源的可持续利用。人们可以通过建设水电站、开发潮汐能等方式，实现清洁能源的利用，减少化石能源的使用，降低碳排放，对环境保护和应对气候变化具有重要意义。

(2)低碳基础设施在水利领域的应用可以减少对生态环境的破坏，保护水生态系统的健康。人们可以通过生态恢复、生态治理等方式，保护水生态环境，提高水质，减少污染物的排放。人们可以通过节约水资源、减少能源消耗等方式，降低对自然资源的消耗，提高资源利用效率。低碳基础设施建设需要考虑对生态环境和自然资源的保护，要求进行生态规划和环境评估，促进生态保护和可持续发展。低碳基础设施建设可以促进生态旅游，提高当地经济发展水平，同时也保护了当地的生态环境。

（3）低碳基础设施的应用可以降低水资源浪费和污染的风险，同时也可以降低运营成本，提高经济效益。人们可以通过节约水资源、减少能源消耗等方式，降低运营成本和维护成本，提高资源利用效率，降低企业和政府的经济负担。人们可以提高水质，改善生态环境，促进生态旅游等，增加当地经济收益，提高地方财政收入。政府对低碳基础设施建设给予一定的财政补贴，降低企业和政府的建设成本，并提高低碳基础设施建设的经济可行性。

当然，低碳基础设施需要采用先进的技术手段，技术难度相对较大，需要专业的技术人才支持。以下是一些可能存在的技术难度：低碳基础设施建设需要采用新技术和新材料，这也意味着日后的维护成本可能较高，需要技术人员具备较高的技能和专业知识。目前低碳基础设施建设的设计标准和规范尚不完善，缺乏统一的标准和指导，增加了低碳基础设施建设的设计和施工难度。此外，低碳基础设施的建设需要大量的资金投入，财政和企业的负担较大，而政府的资金投入和市场投资的不确定性可能会影响低碳基础设施建设的进展。

综上所述，低碳基础设施在水利领域的优势和劣势都存在，需要政府、企业和社会各界共同努力，加大研发投入，提高技术水平，完善政策体系，以推动低碳基础设施在水利领域的应用和发展。

7.3 低碳基础设施在水利领域的全球经验和中国实践

低碳基础设施在水利领域的应用是全球可持续发展的重要方向之一，许多国家都在推进低碳基础设施在水利领域的发展，其中以色列、德国和中国等逐渐成长为新兴代表。

7.3.1 以色列

以色列地处干旱地区，水资源非常匮乏，但其通过采用一系列的低碳基础设施，在水利领域取得了显著的成就。

7.3.1.1 海水淡化技术

以色列 IDE 公司成立于 1965 年。作为以色列海水淡化领域的王牌企业，利用先进的热法和膜法技术，IDE 公司为客户提供和运行各种淡化和水处理解决方案，是世界海水淡化的先驱者和领导者。IDE 公司的代表作——以色列阿什科隆、海德拉和索莱克海水淡化工厂，不仅是世界最大的海水淡化水厂，而且在全球反渗透领域具有里程碑的意义。阿什科隆海水淡化厂是世界第一个超大产水量海水反渗透(SWRO)淡化厂，每日产水量 40 万立方米。阿什科隆的淡化水生产成本仅为 0.53 美元/吨。阿什科隆使用的海水淡化技术主要是 RO 反渗透技术，主要系统包括 IDE 公司专有的压力中心设计、三根管路取水、能量回收系统(ERS)和独特的脱硼系统。索莱克海水淡化厂每日产水量 62.4 万立方米，于 2013 年开始运行，是当前世界上规模最大的反渗透海水淡化厂。

7.3.1.2 滴灌技术

以色列农业灌溉技术经历了大水漫灌、沟灌、喷灌和滴灌等几个阶段。自 20 世纪 50 年代起，喷灌技术代替了长期使用的漫灌方式。到了 60 年代，以色列水利工程师首次提出了滴水灌溉的设想，并研制出了实用的滴灌装置。现在，以色列超过 80%的灌溉土地使用滴灌方法，使单位面积耕地的耗水量大幅下降，水的利用效率大大提高。

滴灌是将具有一定压力的水，过滤后经管网和出水管道(滴灌带)或滴头以水滴的形式缓慢而均匀地滴入植物根部附近土壤的一种灌溉方法。相比于传统农业的漫灌方式，滴灌技术可节水 35%～50%，水和肥的利用率高达 90%。以色列推广滴灌技术以后，耕地面积从 16.5 亿平方米增加到 44 亿平方米，全国农业用水总量 30 年来一直稳定在每年 13 亿立方米左右，农业产出却惊人地翻了 5 倍，跻身世界农业最发达国家之列。

目前，以色列每年都在推出新的滴灌技术与设备，并从滴灌技术中派生出埋藏式灌溉、喷洒式灌溉、散布式灌溉等，这些技术有的已经被包括中国在内的世界各国所采用。

7.3.1.3 废水利用

以色列85%的污水经过高度净化可以农业再利用，10%用于增加江河流量，救援森林火灾，剩余5%排入大海。西班牙紧随以色列之后，居全球水资源循环利用第二位，但循环率仅为25%。

20世纪90年代，以色列建立了一系列的处理设施和水库基础设施，从污水处理、储存到运送再生水，几乎能够覆盖国内每个城市。再生水改变了以色列的水面轮廓，与滴灌和特殊培育的抗旱种子的作用一样，全面处理的污水改变了农业景观。无论雨水丰沛还是稀少，以色列都能够养活自己，成为一个具有重要意义的农产品出口国。今天，以色列农业使用的水源当中，约一半来自高度处理的废水。

以色列在水利领域广泛采用低碳基础设施，通过海水淡化、滴灌和废水利用等技术和设施，有效地解决了水资源短缺的问题，提高了水资源的利用效率，同时还减少了对环境的污染和对能源的消耗，为其他国家在水利领域推广低碳基础设施提供了有益的借鉴和经验。

7.3.2 德国

德国作为传统工业强国，在水利领域开展低碳基础设施建设方面也有一些经验。

7.3.2.1 污水处理技术

德国有世界上排名前列的污水处理技术。为了提高污水处理效率和降低碳排放，德国政府一直在积极推广低碳技术在污水处理中的应用。

(1)布伦瑞克(Braunschweig)市的斯泰因霍夫(Steinhof)废水处理厂。该厂从剩余污泥厌氧消化产甲烷(CH_4)中回收的能量不仅可满足其自身供热需要，而且还能提供全厂包括深度处理、营养物利用、出水灌溉在内全部耗电量的

79%,相应减少79%的外源 CO_2 排放量。该厂将出水及污泥输送至农田进行灌溉与施肥后,可节省因灌溉抽取地下/地表水及化肥生产造成的能量消耗,间接减少35%的 CO_2 排放量。这实际上使得该厂总外源 CO_2 减少高达114%,已超额完成碳中和运行目标。强化能量(CH_4)生产与转化技术的改进措施显示,向厌氧消化池内投加青草等共消化基质,对剩余污泥采取热水解预处理措施,余热发电采用郎肯循环等可有效提高生物气体的产量与能源转化率,使该厂 CO_2 减排量进一步提高。该厂在营养物及水资源利用方面的做法表明,土地利用是污水中所含资源的理性归宿。

(2)德国污水处理技术国际合作项目。德国政府还在国际上开展了一些污水处理技术的合作项目,以帮助其他国家提高污水处理效率和降低碳排放。例如,德国政府与中国政府合作,在中国多个城市建设了污水处理厂,并引入了德国的污水处理技术和设备。通过这些合作项目,德国政府不仅提高了自身的污水处理技术水平,还为其他国家提供了有力的技术支持和服务。

这些污水处理技术的应用取得了显著的成绩,不仅能够提高污水处理效率和质量,还能够降低碳排放,为德国的可持续发展作出了重要贡献。同时,这些技术也为其他国家和地区的污水处理提供了重要的经验和技术支持,为全球水环境保护作出了重要贡献。

7.3.2.2 雨水利用

德国有世界上最先进的水资源管理技术。为了节约水资源和降低碳排放,德国政府一直在积极推广低碳技术在雨水利用中的应用。

(1)居民住宅方面。德国居民住宅多为单门独户,其雨水利用也较为方便。家庭雨水利用的一般模式是首先将屋顶雨水通过雨漏管进行收集处理,然后通过分散或集中式过滤除去颗粒污染物,再将过滤后的雨水引入蓄水池储蓄,最后通过水泵输送至用水单元,一般多用于冲洗厕所或灌溉绿地等。此外,家庭屋顶花园雨水利用系统也比较普遍,它是削减城市暴雨径流量、控制非点源污染和美化城市的重要途径之一,也可以作为雨水集蓄利用的预处理设施。

(2)城市居民小区方面。生态小区雨水利用系统是20世纪90年代开始在德国兴起的一种综合性雨水利用技术。该技术利用生态学、工程学、经济学原理，通过人工设计，依赖水生植物系统或土壤的自然净化作用，将雨水利用与景观设计相结合，从而实现人类社会与生态、环境的和谐与统一。其具体做法和规模依据小区特点而不同，一般包括屋顶花园、水景、渗透、中水回用等。此外，一些小区开发出集太阳能、风能和雨水利用水景观于一体的花园式生态建筑。其中一个典型的例子是曼海姆 Wallstadt 居民小区。Wallstadt 居民小区的雨水通过具有一定造型的地面宽浅式沟道流入明渠。明渠模仿天然河流修建，局部地段建有涌泉或造型建筑物，渠边种植水生植物。明渠底部采用防渗处理，以保持稳定的水面，若水量过大，会自动溢过防渗层补给地下水。

(3)“洼地-渗渠系统”和道路雨水利用。近年来，“洼地-渗渠系统”这种新的雨水处理系统在德国开始流行。该系统包括各个就地设置的洼地、渗渠等组成部分，这些部分与带有孔洞的排水管道连接，形成一个分散的雨水处理系统。通过雨水在低洼草地中短期储存和在渗渠中的长期储存，保证尽可能多的雨水得以下渗。该系统代表了一种新的排水系统设计理念，即“径流零增长”，这个理念的目标是使城市范围内的水量平衡尽量接近城市化之前的降雨径流状况。该系统的优点在于不仅大大减少了因城市化而增加的雨洪暴雨径流，延缓了雨洪汇流时间，对防灾减灾起到了重要的作用，同时由于及时补充了地下水，可以防止地面沉降，使城市水文生态系统形成良性循环。

城市雨水资源的利用作为解决水资源短缺问题的一种手段，必须改变单纯排放雨水的观念，限制雨水的直接排放和损失。雨水是一种优质的自然资源，它收集使用方便，污染少，处理简单，能有效缓解城市供水不足的矛盾。雨污分流是一种典型的生态保护技术，它对优化水资源配置、促进经济社会可持续发展具有积极意义，需要多学科跨部门联合攻关、共同研究。

德国在水利领域采用低碳基础设施，通过污水处理和雨水利用等技术和设施，实现了对水资源的科学利用和管理，保护了水资源的可持续利用，同时也减少了对环境的影响，为其他国家在水利领域采取低碳基础设施提供了有益的借鉴和经验。

7.3.3 中国

中国作为水利大国，在水利领域开展低碳基础设施建设方面也有一些经验。

7.3.3.1 长江经济带水利绿色低碳发展

长江经济带覆盖上海、江苏、浙江、安徽、江西、湖北、湖南、重庆、四川、云南、贵州等11个省份，面积约205.23万平方千米，占全国的21.4%，人口和生产总值均超过全国的40%。长江经济带横跨中国东、中、西三大区域，是中央重点实施的“三大战略”之一，是具有全球影响力的内河经济带，东、中、西互动合作的协调发展带，沿海、沿江、沿边全面推进的对内/对外开放带，也是生态文明建设的先行示范带。

2016年9月，《长江经济带发展规划纲要》正式印发，确立了长江经济带“一轴、两翼、三极、多点”的发展新格局：“一轴”是以长江黄金水道为依托，发挥上海、武汉、重庆的核心作用，推动经济由沿海溯江而上梯度发展；“两翼”分别指沪瑞和沪蓉南北两大运输通道，这是长江经济带的发展基础；“三极”指的是长江三角洲城市群、长江中游城市群和成渝城市群，充分发挥中心城市的辐射作用，打造长江经济带的三大增长极；“多点”是指发挥三大城市群以外地级城市的支撑作用。

《长江经济带发展规划纲要》制定以来，长江经济带在水利低碳绿色发展方面取得了以下成就：

生态环境质量明显好转。2020年，长江流域水质优良（Ⅰ～Ⅲ类）断面比例为96.7%，较2015年提高14.9个百分点，比全国平均水平高13.3个百分点。干流首次全面消除劣Ⅴ类水体，全线达到Ⅱ类水质，干流和主要支流水质均为优。11个省份河流考核断面达标率（Ⅲ类以上，省控检测）均大幅提升。相比较而言，上游和中游水质状况更为突出，贵州2020年考核断面达标率为99.3%；下游水质显著改善，“十三五”期间上海、江苏、浙江考核断面达标率分别提高59.4个百分点、39.9个百分点和21.7个百分点。

污染物排放得到一定程度控制。在积极推动生态修复，消纳“存量”问题的同时，加快污染物源头管理，控制“增加”，是长江经济带绿色发展的核心内容。近年来，长江经济带针对工业和农业面源污染、城镇废水、尾矿库、船舶等重点领域开展集中治理，着力降低污染物排放，取得了阶段性成果。据《中国统计年鉴》测算，2020 年长江经济带二氧化硫排放量为 116.5 万吨，较 2015 年大幅下降 81.7%；氮氧化物排放总量为 536.17 万吨，比 2015 年下降 9.4%；废水中氨氮排放总量为 47 万吨，比 2015 年下降 52.9%。

资源、能源利用效率显著提升。自然资源利用效率是衡量自然环境与经济社会关系的重要指标，提高自然资源利用效率不仅可以增强资源对经济社会发展的支撑能力，也有助于降低自然资源消耗。长江经济带节水、节能工作稳步推进。2020 年长江经济带用水总量为 2482.9 亿立方米，较 2015 年减少 139.8 亿立方米，比 2020 年控制目标少 439.3 亿立方米；2015～2020 年，长江经济带单位生产总值用水量下降 31.4%，其中贵州、重庆、四川、浙江、安徽、湖南、江西下降幅度超过 30%。绝大多数省份完成能耗强度控制目标，其中，贵州、上海、江苏、湖南能源强度下降幅度超过 20%。

城市绿色转型成效突出。各城市积极推动绿色转型，为长江经济带绿色发展提供了强有力的支撑。以长沙为例，2017 年其经济总量超过万亿元，在经济保持快速增长的同时，绿色低碳发展取得显著成效。“十三五”期间，长沙以年均 3%的能源消费增长支撑了年均 7.8%的经济增长，节能降耗效果明显。在生态环境领域，全市国控和省控考核断面水质优良率提升至 100%，森林覆盖率达 55%，90%以上污染地块安全利用，空气质量优良率达 84.4%。

7.3.3.2 黄水东调工程

远距离调水通过调水工程将水资源从丰水期的地区调配到缺水期的地区，以满足不同地区的用水需求。这种调水方式可以最大限度地利用水资源，减少水资源的浪费和损失，从而减少因水资源短缺而引起的社会和生态问题。在远距离调水工程建设中，通过制定合理的碳减排目标和减碳科学措施，达到降低前期项目建设、后期市政供水过程中碳排放总量的目的。下面以黄水东调项目为例，比较分析远距离调水、市政供水 1 立方米水与海水淡化 1 立方米水的碳排放量。

胶东地区当地水资源不足，缺水率大幅超过山东省平均水平，是山东省水资源供需矛盾最为突出的地区，黄河水、长江水是该区的重要补充水源，确保引黄、引江安全，事关经济社会持续健康发展大局。引黄济青工程存在的最大问题是纳入南水北调干线工程后，由于潍坊、烟台和威海新增引黄水量，导致子槽上节制闸至宋庄分水闸段输水能力与承担引黄、引江总任务不匹配。为应对青烟潍威地区极端干旱天气造成的威胁，提高外调客水能力，满足规划水平年引江和引黄的要求，新建黄水东调工程是十分必要的。

进入2017年以来，胶东青烟威潍四市旱情持续严重、历史罕见，当地可用水资源面临枯竭，水资源供需矛盾日益突出，用水安全面临及其严峻考验，虽然启动了引黄济青抗旱应急调水临时工程，日增加供水量35万吨，但旱情仍在持续加重。由于黄水东调工程终点为潍北二库，只能向胶东供水，短期内无法直接向青岛、烟台和威海供水，无法缓解当前胶东特别是青岛严峻的供水形势。因此，2017年3月，根据山东省水利厅的紧急部署，启动了黄水东调二期前期工作。本工程主要是首先在应急工程基础上，将输水线路自潍北二库向东延伸至宋庄分水闸，同时为充分发挥黄水东调的工程效益，结合青岛市供水体系建设，将黄水东调工程东延至青岛境内。

然而，该项目在建设和运营过程中不可避免地会产生大量的温室气体排放，特别是二氧化碳的排放。这些温室气体的排放不仅对中国本土地区产生影响，还对全球气候变化构成一定威胁。为实现项目低碳建设，在项目建设时先进行了碳排放核算，制定合理的碳减排目标和减碳科学措施，并将该黄水东调工程、市政供水1立方米水与海水淡化1立方米水排放的碳进行对比。

为了更好地了解黄水东调工程项目的碳排放状况，及时采取相应的碳减排措施，降低其对气候变化的负面影响，开展碳核算成为降低碳排放的先行条件。碳核算是指对特定项目或活动的温室气体排放量进行系统、全面的核算和评估。通过收集、整理和分析与项目相关的数据，可以准确核算项目在不同阶段产生的温室气体排放量，为制定合理的碳减排目标和减碳措施提供科学依据。

黄水东调工程的碳核算目标旨在全面评估工程建设和运营阶段的碳排放情况，并针对关键的碳排放过程及物质提出有效的减排措施，以实现绿色低碳的发展目标。首先，对工程建设和运营阶段的碳排放进行全面核算，包括各类物质或能源消耗的上游背景碳排放。其次，通过数据分析，准确识别关键碳排放过程及物质，这些关键过程和物质在碳减排策略中需要优先考虑，以实现更加精准有效的减排目标。再次，根据工程碳排放核算结果，有针对性地制定减碳策略，形成系统的、可操作的碳减排措施方案集。最后，黄水东调工程旨在满足胶东地区的水资源需求，而海水淡化是另一种获取淡水资源的途径。将黄水东调工程与海水淡化工程的碳排放进行对比，从而评估黄水东调工程的碳排放是否相对更具有优势，可以更好地指导水资源配置和开发决策。

根据碳排放核算方法，分应急工程和二期工程两个阶段核算了黄水东调工程项目碳排放，包含前文提到的各种温室气体，计量单位采用“kg CO_2-eq”表示。原材料生产及运输过程中的间接碳排放数据主要来自 Ecoinvent 3.9.1 数据库，并尽可能应用数据库中中国国内或山东省内的背景碳数据。

黄水东调工程实测年均输水量约为 10063.1 万立方米，评价中设定的功能单位为黄水东调工程项目输水 1 立方米。黄水东调工程的级别为Ⅰ级，土建工程使用年限为 100 年，输水管道使用年限为 50 年，水泵泵站使用年限为 20 年。在将不同原材料碳排放分摊至功能单元时，依据其相应的使用年限进行分摊。

黄水东调工程碳排放核算具体数值如表 7-1 所示。经碳排放核算，黄水东调工程远距离输水 1 立方米所产生的碳排放量为 0.3748 kg CO_2-eq。

表 7-1　黄水东调工程生命周期清单及碳排放核算

清单	单位	数量	碳排放系数	总排放/(kg CO_2-eq)	功能单位排放
施工期					
C15 混凝土	m^3	12472.38	2.32×10^2	2.90×10^6	2.88×10^{-4}
C20 混凝土	m^3	217.745	2.32×10^2	5.06×10^4	5.02×10^{-6}
C25 混凝土	m^3	91481	2.01×10^2	1.84×10^7	1.83×10^{-3}
C30 混凝土	m^3	147099.9	2.70×10^2	3.97×10^7	3.94×10^{-3}
C35 混凝土	m^3	169136.7	2.50×10^2	4.23×10^7	4.21×10^{-3}
C40 混凝土	m^3	6662.89	2.64×10^2	1.76×10^6	1.75×10^{-4}
砂	m^3	871481.4	7.65×10	6.67×10^6	6.62×10^{-4}
碎石	m^3	337702.6	7.37×10	2.49×10^6	2.47×10^{-4}

续表

清单	单位	数量	碳排放系数	总排放/(kg CO_2-eq)	功能单位排放
钢筋	t	21904	2.24×10^{3}	4.92×10^{7}	4.89×10^{-3}
木材	m^3	435	1.93×10^{2}	8.38×10^{4}	8.33×10^{-6}
水泥	t	66235.44	6.61×10^{2}	4.38×10^{7}	4.35×10^{-3}
块石	$\times10^4 m^3$	2.21	2.99×10^{6}	6.61×10^{6}	6.57×10^{-4}
汽油	t	403	5.78×10^{2}	2.33×10^{5}	2.31×10^{-5}
柴油	t	17751	3.44×10^{2}	6.10×10^{6}	6.06×10^{-4}
电力	$\times10^4$kW·h	1882.89	1.16×10^{4}	2.19×10^{7}	2.18×10^{-3}
球墨铸铁管 DN2400	m	6240	2.44×10^{3}	1.52×10^{7}	3.02×10^{-3}
螺旋钢管 ϕ1424×12	m	800	1.04×10^{3}	8.34×10^{5}	1.66×10^{-4}
螺旋钢管 ϕ1832×16	m	5729.6	1.79×10^{3}	1.02×10^{7}	2.04×10^{-3}
螺旋钢管 ϕ2440×20	m	101004.8	2.98×10^{3}	3.01×10^{8}	5.98×10^{-2}
螺旋钢管 ϕ820×10	m	1300	4.99×10^{2}	6.48×10^{5}	1.29×10^{-4}
玻璃钢管 DN2400mm	m	41570	2.95×10^{3}	1.23×10^{8}	2.44×10^{-2}
玻璃钢管 DN2400mm	m	25058	2.95×10^{3}	7.40×10^{7}	1.47×10^{-2}
螺旋钢管 ϕ820×10	m	1600	1.56×10^{2}	2.49×10^{5}	4.95×10^{-5}
螺旋钢管 ϕ2600×30	m	2570	1.48×10^{3}	3.81×10^{6}	7.57×10^{-4}
螺旋钢管 ϕ2644×22	m	28158	1.11×10^{3}	3.12×10^{7}	6.20×10^{-3}
螺旋钢管 ϕ2444×22	m	24969	1.02×10^{3}	2.56×10^{7}	5.08×10^{-3}
螺旋钢管 ϕ2400×30	m	428	1.37×10^{3}	5.85×10^{5}	1.16×10^{-4}
直缝钢管 ϕ2660×30	m	590	9.71×10^{3}	5.73×10^{6}	1.14×10^{-3}
直缝钢管 ϕ2460×30	m	1064	8.97×10^{3}	9.54×10^{6}	1.90×10^{-3}

续表

清单	单位	数量	碳排放系数	总排放/(kg CO_2-eq)	功能单位排放
潍北二库加压泵站水泵	台	8	9.33×10^{4}	7.46×10^{5}	3.71×10^{-4}
曹店入沉沙池泵站水泵	台	6	5.83×10^{4}	3.50×10^{5}	1.74×10^{-4}
麻湾入沉沙池泵站水泵	台	6	4.66×10^{4}	2.80×10^{5}	1.39×10^{-4}
广南水库入库泵站水泵	台	4	1.63×10^{5}	6.53×10^{5}	3.24×10^{-4}
加压泵站水泵	台	8	9.30×10^{4}	7.44×10^{5}	3.70×10^{-4}
曹店引黄泵站水泵	台	6	9.33×10^{4}	5.60×10^{5}	2.78×10^{-4}
运输	t·km	3.38×10^{8}	8.75×10^{-2}	2.96×10^{7}	2.94×10^{-3}
直接碳排放	kg CO_2-eq		1.00×10	5.76×10^{7}	5.72×10^{-3}
使用阶段					
电力	$\times10^{4}$ kW·h	1.90×10^{-5}	1.16×10^{4}	2.22×10^{7}	2.21×10^{-1}
汽油	t·km	8.79×10^{-8}	5.84×10^{2}	5.17×10^{3}	5.14×10^{-5}
柴油	t	3.34×10^{-9}	3.44×10^{2}	1.15×10^{2}	1.15×10^{-6}
直接碳排放	kg CO_2-eq		1.00×10	2.54×10^{4}	2.52×10^{-4}

在施工阶段，由于主要使用管道进行远距离调水，螺旋钢管 $\phi2440\times20$ 的用量巨大，每功能单位碳排放高达 0.0598 kg CO_2-eq，明显高于其他材料。在运营阶段，水泵的电力消耗是主要的碳排放来源，其碳排放量为 0.221 kg CO_2-eq。

黄水东调工程整体输水 1 立方米碳排放量为 0.3748 kg CO_2-eq。从来源角度分析，直接碳排放占比为 1.593%，间接碳排放占比为 98.407%，如图 7-1 所示。从阶段角度分析，施工阶段的碳排放占 41.052%，运营阶段的碳排放占 58.948%，如图 7-2 所示。虽然施工阶段碳排放总量较高，但根据使用年限折算至每一年后，每年运营阶段产生的碳排放较低。施工阶段中管道引起的碳排放占比最高，占整个施工阶段的 82.288%。

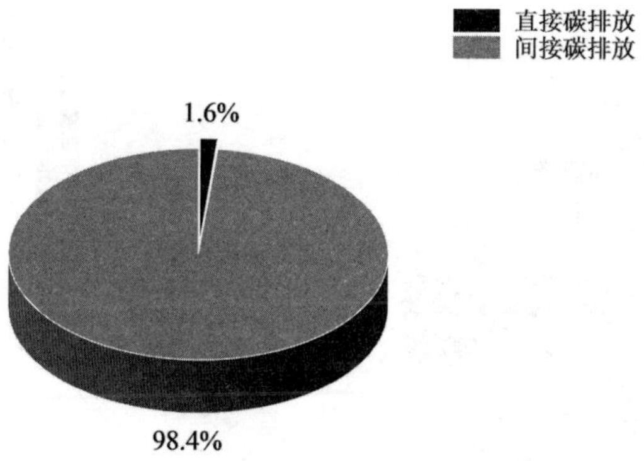

图 7-1 黄水东调工程直接碳排放与间接碳排放占比图

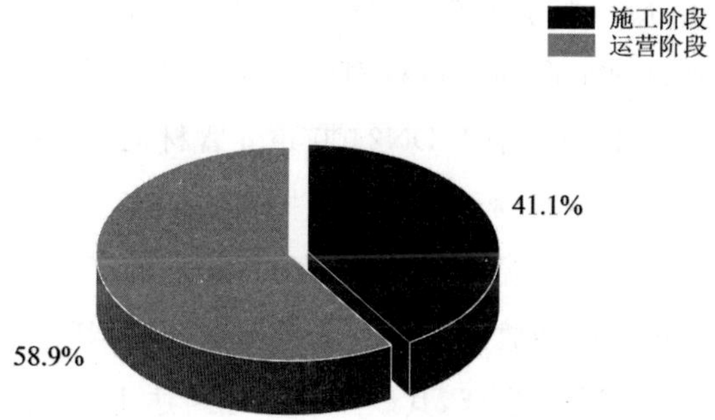

图 7-2 黄水东调工程不同阶段碳排放占比图

关键物质的识别旨在识别在工程的生命周期评价(LCA)边界范围内,对碳排放影响最为显著的物质。通过建立详细的碳排放核算清单,确定影响系统碳排放的关键物质。在此基础上,有针对性地采取应对措施,改进运行管理过程,优化能源利用,寻找高碳排放物质替代物,从而在全生命周期内实现碳排放的有效削减。关键物质识别是制定可持续发展战略的关键步骤,有助于确定工程项目碳足迹,推动环境保护和低碳经济的发展。因此,根据黄水东调工程碳排放核算结果,识别影响黄水东调项目碳排放的关键物质是十分重要的。黄水东调工程物质碳排放占比如图 7-3 所示。

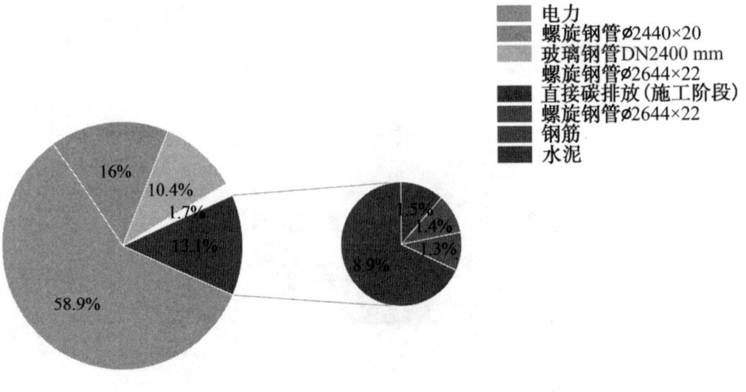

图 7-3　黄水东调工程物质碳排放占比图

从整体视角分析，黄水东调在项目的施工阶段各种材料的上游碳排放包括从原材料开采到材料生产的全过程对整个项目产生的较大的碳排放影响。螺旋钢管ϕ2440×20 和玻璃钢管 DN2400 mm 管材也在碳排放中占据显著份额，分别为 15.954％和 10.431％。其他建筑材料中，C25 混凝土、C30 混凝土、钢筋和水泥是主要的碳排放来源，占比分别为 0.488％、1.052％、1.304％和 1.161％。这些材料在施工过程中释放出大量的二氧化碳，因为其生产和使用过程中的能源消耗较高。尤其是水泥生产，其碳排放占比高达 1.161％，这也强调了对水泥生产过程中的碳排放进行有效控制的重要性。因此，在施工阶段，对这些建材的使用及其生产过程中的能源消耗进行深入研究和优化，是降低碳排放的关键措施。

在项目的运营阶段，电力使用是主要的碳排放来源，占比高达 58.866％。这主要是由于电力产生过程中的煤炭等化石燃料的燃烧释放出大量的二氧化碳。汽油和柴油的使用占比相对较低。

通过黄水东调工程，将黄河水引入潍坊、青岛等地区，优化了水资源的空间配置。海水淡化同样是水源补充的一项重要途径，因此这两种方式的碳排放可以进行比较。

黄水东调工程的主要功能为水资源的远距离输送。为与海水淡化供水方式进行横向对比，进一步研究市政水处理过程，本书选择中国某自来水厂为研究对象。市政水处理过程包括水源采集、净化、消毒、去悬浮物等过程。功能单元为处理1立方米水时，市政水处理工程碳排放总量为0.2711 kg CO_2-eq，黄水东调工程碳排放总量为0.3748 kg CO_2-eq，两者之和为0.6459 kg CO_2-eq。

选择位于黄水东调工程项目重要调水供应地——青岛某典型海水淡化工艺流程进行碳排放核算，核算方法与前文相同。数据清单来自 *Water Research* 期刊中的研究论文 *Life cycle assessment of water supply alternatives in water-receiving areas of the South-to-North Water Diversion Project in China*（Li et al.，2016）。为实现不同水源补充方式的可比性，海水淡化项目功能单位设为生产1立方米净化水，与黄水东调工程调水量保持一致。

建设阶段的总体碳排放量较大，但分摊至1立方米净化水的功能单位中则产生的排放量相对较小。运营阶段的碳排放主要由电力产生，电力的碳排放量占据绝对主导地位，占比高达99.13%（见图7-4）。这反映了电力在海水淡化过程中的重要作用，以及其对碳排放的主要贡献。虽然亚硫酸氢钠、硫酸等化学添加物在整个工艺流程中起到重要作用，但所导致的碳排放在总碳排放中的占比相对较低。此外，聚酰胺膜的碳排放量微乎其微，不具有明显的环境影响。

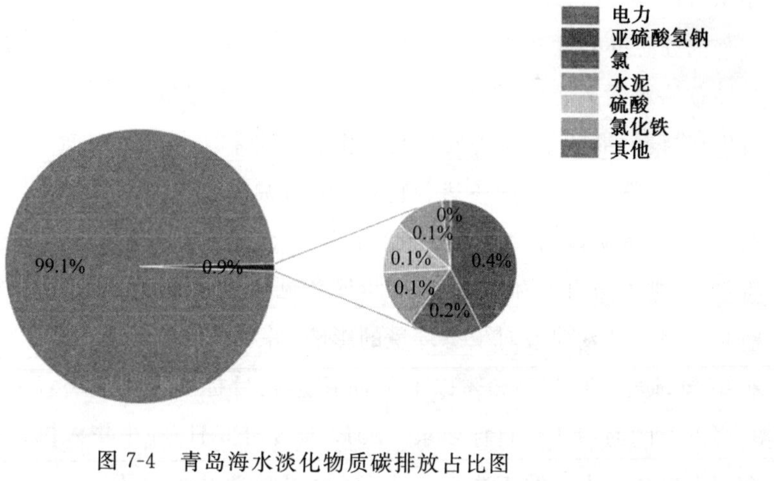

图7-4　青岛海水淡化物质碳排放占比图

经碳排放核算，青岛海水淡化生产1立方米净化水产生的碳排放为5.1619 kg CO_2-eq，为黄河东调工程及后续市政供水处理碳排放量之和的7.99倍。由此可见，黄水东调工程对于缓解山东省沿海地区水资源短缺有着重要作用，而且还是相对低碳的技术方案。而且海水淡化技术的发展还面临着一些挑战，因此，海水淡化工艺需要进一步优化，提高能效，降低碳排放，减少环境影响。

7.3.3.3 海绵城市

海绵城市是新一代城市雨洪管理概念，也可称为水弹性城市。这个概念指的是城市能够像海绵一样，在适应环境变化和应对雨水带来的自然灾害等方面具有良好的弹性。国际通用术语为“低影响开发雨水系统构建”，即下雨时吸水、蓄水、渗水、净水，需要时将蓄存的水释放并加以利用，实现雨水在城市中自由迁移。

海绵城市的核心是从生态系统服务出发，通过跨尺度构建水生态基础设施，并结合多类具体技术建设水生态基础设施。2012 年 4 月，在“2012 低碳城市与区域发展科技论坛”中，“海绵城市”的概念首次被提出。2013 年 12 月 12 日，习近平总书记在中央城镇化工作会议的讲话中强调：提升城市排水系统时要优先考虑把有限的雨水留下来，优先考虑更多利用自然力量排水，建设自然存积、自然渗透、自然净化的海绵城市。

国务院办公厅 2015 年 10 月印发《国务院办公厅关于推进海绵城市建设的指导意见》（下文简称《指导意见》），部署推进海绵城市建设工作。《指导意见》指出，建设海绵城市，统筹发挥自然生态功能和人工干预功能，有效控制雨水径流，实现自然积存、自然渗透、自然净化的城市发展方式，有利于修复城市水生态、涵养水资源，增强城市防涝能力，扩大公共产品有效投资，提高新型城镇化质量，促进人与自然和谐发展。《指导意见》明确了通过海绵城市建设最大限度地减少城市开发建设对生态环境的影响，并将 70％的降雨就地消纳和利用。到 2020 年，城市建成区 20％以上的面积达到目标要求；到 2030 年，城市建成区 80％以上的面积达到目标要求。2017 年 3 月 5 日，在中华人民共和国第十二届全国人民代表大会第五次会议上，李克强总理在政府工作报告中提到：启动消除城区重点易涝区段三年行动，推进海绵城市建设，使城市既有“面子”，更有“里子”。海绵城市建设已经成为国家战略，并在全国范围内展开了实践探索。

近年来，北京市水务系统通过推动海绵城市建设，努力让雨水就地消纳，实现源头减排，同时改造排水管网、提升排水能力、解决多年积水点，不断完善城市积水内涝治理体系，提升治理能力，助力韧性城市建设。中心城区完成雨水箅子“平立结合”改造5.9万处，打通“断头管”17处。全市海绵城市建成区达标面积比例达31%，实现70%降雨就地消纳利用。其中城市副中心海绵城市建设达标区域面积29.9平方千米，达标比例为40.1%，实现85%的降雨就地消纳利用。

7.3.3.4 长江三峡水利枢纽工程

长江三峡水利枢纽工程，又称三峡工程，是中国湖北宜昌境内的长江西陵峡段与下游的葛洲坝水电站构成的梯级电站。

三峡水电站在建成时是世界上规模最大的水电站，也是当时中国建设的有史以来最大型工程项目，如图7-5所示。三峡水电站的功能有十多种，如航运、发电、种植等。三峡水电站于1992年由全国人民代表大会批准建设，1994年正式动工兴建，2003年6月1日下午开始蓄水发电，2009年全部完工，2012年7月4日投产。装机容量达到2240万千瓦的三峡水电站建成时是全世界最大的水力发电站和清洁能源生产基地。三峡水电站应用了一系列低碳技术，如先进的数字化控制技术、低碳能源技术和节能技术等。这些技术的应用大大提高了水电站的能源利用效率，减少了碳排放，为中国的低碳经济发展作出了重要贡献。

图7-5　三峡水利枢纽工程

法国 Fredzone 网站报道称，三峡水电站是世界上最大的水利工程建筑。2020 年全年，三峡水电站的发电量达到 1118 亿千瓦时，创下新的世界纪录。三峡水电站生产的清洁电能让中国每年约减少燃烧 3439 万吨煤炭。这直接减少了 9420 万吨二氧化碳、22.4 万吨二氧化硫及 21.2 万吨氮氧化物的排放，相当于种植了 37 万公顷阔叶林。截至 2021 年 5 月，三峡集团累计向社会贡献清洁电能 3.1 万亿千瓦时，相当于替代 9.84 亿吨标准煤，减少排放25.2亿吨二氧化碳。

7.3.3.5　抽水蓄能电站

抽水蓄能电站是一种利用水能进行储能的电站，其主要原理是在能源充足的时候，利用水泵将水从低处抽到高处的水库中，储存起来；在能源需求高峰期，将储存在高水库中的水放回低水库，通过水轮发电机将水能转化为电能输出。这种电站可以在能源需求高峰期提供稳定的电能输出，同时也可以在能源充足时期储存多余的能源，以备不时之需，具有很高的经济效益和环保效益。

抽水蓄能电站的优点包括：第一，高效利用能源。抽水蓄能电站可以在能源充足的时候进行储能，以备不时之需，提高能源的利用效率。第二，稳定的电能输出。抽水蓄能电站可以在能源需求高峰期提供稳定的电能输出，保障电网的稳定运行。第三，节能环保。抽水蓄能电站可以利用水能进行储能，避免了传统的化石能源的使用，减少了碳排放和环境污染。第四，具有较长的使用寿命。抽水蓄能电站的设备寿命较长，可以使用数十年，具有较高的经济效益和可持续性。

虽然我国抽水蓄能电站建设起步比较晚，但由于后发效应，起点却较高，建设的几座大型抽水蓄能电站的技术已处于世界领先水平。例如，广州一期、二期抽水蓄能电站总装机容量为 2400 兆瓦，为世界上最大的抽水蓄能电站；天荒坪与广州抽水蓄能电站机组单机容量为 300 兆瓦，额定水头分别为 526 米和 500 米，已达到单级可逆式水泵水轮机世界先进水平；西龙池抽水蓄能电站单级可逆式水泵水轮机组最大扬程为 704 米，仅次于日本葛野川和神流川抽水蓄能电站机组；十三陵抽水蓄能电站上水库成功采用了全库钢筋混凝土防渗衬砌，渗漏量很小，也处于世界领先水平；天荒坪、张河湾和西龙池抽水蓄能电站采用现代沥青混凝土面板技术全库盆防渗，处于世界先进水平。

2020 年 12 月 23 日，山西浑源、浙江磐安、山东泰安二期抽水蓄能电站工程集中开工。2022 年 3 月 17 日，国家电网浙江泰顺、江西奉新两座抽水蓄能电站工程同时开工建设。2022 年 7 月 5 日，东北地区首个抽水蓄能电站、国家电网黑龙江尚志抽水蓄能电站开工建设，计划于 2029 年竣工投产。2022 年 9 月，粤港澳大湾区首个抽水蓄能电站开工。2022 年 12 月 19 日，石家庄市 2022 年度投资最大的百亿元产业项目——河北灵寿抽水蓄能电站项目开工建设。该项目位于灵寿县寨头乡、陈庄镇境内，装机容量为 140 万千瓦，项目总投资 100.05 亿元，建设期限为 2022～2027 年。项目建成后，主要服务于河北南部电网。

结合全球经验和中国实践，低碳基础设施在水利领域的应用总结如下：全球范围内，许多国家和地区已经意识到水资源的重要性和脆弱性，开始关注水利领域的低碳基础设施建设。在水资源管理方面，一些国家采取节水措施，如推广高效节水灌溉系统和水资源回收利用技术。一些国家注重减少水污染，通过改善废水处理和水质监测等手段来保护水环境。中国在水利领域的低碳基础设施建设方面也取得了一定进展。中国采取一系列措施来加强水资源管理和保护，如推广高效节水灌溉技术、建设水利工程以调节水资源分配、加强水污染治理等。此外，中国还注重水资源的综合利用，积极推动水资源回收和利用技术的应用。

结合已有案例，对未来低碳设施在水利领域的应用发展展望有以下几点：①提升水资源管理效率。未来，水利领域的低碳基础设施建设应侧重于提升水资源管理的效率。通过引入先进的水资源监测和管理技术，如远程监测系统和数据分析，实现对水资源的精确测量和有效调度，以减少浪费和提高利用效率。②发展可再生能源应用。在水利基础设施建设中，积极推动可再生能源的应用。例如，在水电站中利用太阳能光伏系统，或者在水库和水处理厂中采用风力发电等技术，减少对传统能源的依赖，降低碳排放。③推广绿色水处理技术。注重推广绿色水处理技术，减少水污染和对环境的负面影响。采用先进的废水处理技术，如生物处理、膜分离和纳米技术，以提高废水的处理效率和水质的净化程度。④促进水资源回收与再利用。加强水资源的回收与再利用，减少对新鲜水资源的需求。通过建设和改造水处理厂、推广灰水回收和雨水收集利用系统，将废水和雨水转化为可再利用的水资源，实现循环利用和节约用水。⑤强化水资源保护与生态修复。重视水资源的保护与生态修复工作。通过生态恢复和湿地保护，提升水生态系统的健康状况，减少水污染和水资源的损失。

第八章　低碳基础设施在建筑领域的应用案例

本章首先介绍低碳基础设施在建筑领域的应用和效果，然后分析低碳基础设施在建筑领域的优势和劣势，最后介绍低碳基础设施在建筑领域的全球经验和中国实践。

8.1　低碳基础设施在建筑领域的应用和效果

8.1.1　低碳基础设施在建筑领域的应用

8.1.1.1　绿色建筑

绿色建筑是一种以节能、环保、健康、舒适为设计目标的建筑，采用低碳材料和技术，实现建筑的可持续发展。绿色建筑的应用能够有效减少建筑的能耗和碳排放，同时提高建筑的舒适性和健康性。低碳基础设施在绿色建筑领域的应用和效果主要体现在以下几个方面：首先，采用低碳建筑技术和设备，如绿色屋顶、太阳能光伏系统、地源热泵等，可以有效地减少建筑物的能耗和排放，降低能源的消耗成本。其次，绿色建筑采用环保材料和建筑设计，减少对环境的污染和破坏，同时可以减少建筑物的二氧化碳排放和能源消耗。再次，绿色建筑的设计和材料选择考虑到人的健康和舒适，可以改善室内环境，提高居住和工作的舒适度，减少对人体的危害。最后，绿色建筑可以激发建筑业的创新和发展，提高建筑业的技术和质量水平，促进可持续发展，同时也可以带来经济、环境和社会效益。

8.1.1.2 被动式房屋

被动式房屋是一种以极低的能量消耗为设计目标的建筑，通过采用高效的隔热、通风、采光和空气循环系统等措施，最大限度地减少建筑物的能耗和碳排放。在建筑领域，被动式房屋的应用和效果主要有以下几个方面：第一，被动式房屋采用高效隔热材料和通风系统，可以减少室内外温差和能量损失，有效地降低建筑物的能耗和运营成本。第二，被动式房屋的设计标准可以使建筑物的能耗和碳排放量降至最低，减少对环境的污染和破坏，保护生态环境。第三，被动式房屋的设计标准注重室内环境的质量和人体健康，采用高效的空气循环系统和过滤器，有效地控制室内空气的质量，减少对人体的危害。第四，被动式房屋的设计标准要求建筑物的密封性和隔音性达到最高标准，同时也注重建筑物的美学和舒适性，提高建筑物的品质和价值。

被动式房屋在建筑领域的应用和效果是多方面的，可以有效地降低建筑物的能耗和碳排放，保护生态环境，改善室内环境质量，提高建筑物的品质和价值。在未来的建筑发展中，被动式房屋的应用将会越来越广泛，成为建筑行业向低碳、环保和高品质发展的方向。

8.1.1.3 建筑节能

建筑节能是指采用节能技术和设备，减少建筑的能耗和碳排放。建筑节能的应用包括采用节能灯具、节能空调、节能门窗等，同时还可以采用建筑外墙的隔热和保温等技术，进一步减少建筑的能耗和碳排放。低碳基础设施建筑节能在建筑领域的应用和效果主要体现在以下几个方面：首先，低碳基础设施建筑节能要求采用高效隔热材料，如聚苯乙烯、聚氨酯等，在建筑物的外墙、屋顶、地面等部位进行隔热，可以有效地减少能量损失，提高建筑物的能效。其次，低碳基础设施建筑节能要求采用高效的通风系统，如自然通风、机械通风、地源热泵系统等，可以有效地控制室内外温差，减少能耗和运营成本。再次，低碳基础设施建筑节能要求采用高效的照明系统，如 LED 等，可以有效地降低建筑物的用电量和运营成本。最后，低碳基础设施建筑节能要求采用可再生能源，如太阳能、风能等，可以在一定程度上替代传统能源，减少碳排放，保护生态环境。

低碳基础设施建筑节能在建筑领域的应用和效果是多方面的，可以提高建筑物的能效，减少能耗和运营成本，保护生态环境，同时也可以带来经济、环境和社会效益。在未来的建筑发展中，低碳基础设施建筑节能将会成为建筑行业向低碳、环保和高效发展的方向。

8.1.1.4 绿色屋顶

绿色屋顶是指在建筑屋顶上种植植物，形成自然的保温隔热层，减少空调能耗，同时能吸收二氧化碳，减少碳排放。绿色屋顶的应用能够提高建筑的绿化率和环保性，同时还可以改善城市的生态环境。低碳基础设施绿色屋顶在建筑领域的应用和效果主要体现在以下几个方面：第一，绿色屋顶可以吸收大量的雨水，减缓雨水径流的速度，保护城市的水资源和水环境。同时，绿色屋顶还可以吸收大量的二氧化碳，减少空气中的污染物，保护生态环境。第二，绿色屋顶可以有效地降低建筑物的能耗和运营成本，通过降低室内温度，减少空调的使用，从而达到节能的目的。第三，绿色屋顶可以增加建筑物的绿色面积，改善城市的生态环境，同时也可以为建筑物增加一种自然的美感，提高建筑物的美观性。第四，绿色屋顶可以有效地减少建筑物的温度变化，降低室内外温差，从而减少建筑物的膨胀和收缩，延长建筑物的使用寿命。

低碳基础设施绿色屋顶在建筑领域的应用和效果是多方面的，可以保护生态环境，减少能耗和运营成本，提高建筑物的美观性，增加建筑物的使用寿命。在未来的建筑发展中，绿色屋顶将会成为建筑行业向低碳、环保和高品质发展的方向。

8.1.2 低碳基础设施在建筑领域的应用效果

8.1.2.1 节能减排

采用低碳基础设施能够有效减少建筑的能耗和碳排放，降低建筑对环境的影响。低碳基础设施在建筑领域的应用可以带来的节能减排效果主要包括以下几个方面：①低碳基础设施建筑节能可以通过采用高效隔热材料、高效通风系统、高效照明系统等，减少建筑物的能源消耗。②低碳基础设施建筑节能可以通过采用可再生能源、绿色屋顶等，减少建筑物的碳排放，保护生态环境。③低碳基础设施建筑节能可以提高建筑物的能效，如使用低能耗设备和技术、采用智能控制系统等，实现节能减排的效果。④低碳基础设施建筑节能可以降低建筑物的运营成本，通过减少能源和水的消耗、延长建筑物的使用寿命等方式，降低建筑物的运营成本。

低碳基础设施在建筑领域的应用可以带来显著的节能减排效果，不仅可以实现经济效益，还可以保护生态环境，提高人们的生活质量。对于未来的建筑发展，低碳基础设施建筑节能将会成为建筑行业向低碳、环保和高效发展的方向。

8.1.2.2 提高建筑质量

低碳基础设施的应用能够提高建筑的舒适性和健康性，提高建筑的使用价值和品质。低碳基础设施在建筑领域的应用可以带来的提高建筑质量的效果主要包括以下几个方面：①低碳基础设施在建筑领域的应用可以通过采用高品质的建筑材料、加强建筑的结构设计等，提高建筑的安全性，从而保障人们的生命财产安全。②低碳基础设施在建筑领域的应用可以通过采用高效隔热材料、高效通风系统、绿色屋顶等，提高建筑的舒适性，从而提高人们的居住、工作和生活品质。③低碳基础设施在建筑领域的应用可以通过采用绿色植被、美观的建筑外观设计等，提高建筑的美观性，增强建筑物的价值和吸引力。④低碳基础设施在建筑领域的应用可以通过采用可再生能源、节能减排等，提高建筑物的可持续性，从而满足未来社会的需求。

低碳基础设施在建筑领域的应用可以带来多重效益，其中提高建筑质量是不可忽视的一个方面。通过采用低碳建筑技术和理念，可以提高建筑的安全性、舒适性、美观性和可持续性，从而创造更加宜居、美丽和可持续的城市生活空间。

8.1.2.3 降低生命周期成本

低碳基础设施的应用能够降低建筑的运营成本，延长建筑的寿命，同时也能够提高建筑的投资回报率。低碳基础设施在建筑领域的应用可以带来的降低生命周期成本的效果主要体现在以下几个方面：①低碳基础设施在建筑领域的应用可以通过采用高效隔热材料、高效通风系统、高效照明系统等措施，降低建筑物的能耗成本。②低碳基础设施在建筑领域的应用可以通过采用高品质的建筑材料、加强建筑的结构设计等措施，降低建筑物的维护和修缮成本。③低碳基础设施在建筑领域的应用可以通过采用高品质的建筑材料、加强建筑的结构设计等措施，延长建筑物的使用寿命，从而降低建筑物的更新和重建成本。④低碳基础设施在建筑领域的应用可以通过采用绿色植被、美观的建筑外观设计等措施，提高建筑物的价值，为建筑物创造更多的回报。

低碳基础设施在建筑领域的应用可以带来显著的降低生命周期成本的效益，通过采用低碳建筑技术和理念，可以降低建筑物的能耗成本、维护和修缮成本，延长建筑物的使用寿命，提高建筑物的价值，实现经济效益和环境效益的双重收益。

这些低碳基础设施的应用能够有效地减少建筑的能耗和碳排放，提高建筑的可持续性和环保性，同时还能够提高建筑的舒适性和健康性，降低建筑的生命周期成本，带来经济和环境的双重效益。

8.2 低碳基础设施在建筑领域的优势和劣势

低碳基础设施是指采用低碳技术和材料，以降低建筑物能源消耗和减少温室气体排放为目的的建筑基础设施。在建筑领域，低碳基础设施具有以下优势和劣势：

采用低碳技术和材料可以降低建筑物的能源消耗，减少温室气体排放，有利于环境保护。例如，使用高效隔热材料可以降低冬季供暖和夏季制冷的能量需求，使用节能灯具和照明控制系统可以减少电力消耗。

低碳基础设施可以提高建筑品质，如使用高效隔热材料、节能灯具、可再生能源等，可以提高建筑的舒适度、安全性和可持续性。这些技术和材料可以提高建筑物的性能，如改善室内空气质量、降低噪声、减少水和能源浪费等。这些改进可以提高建筑物的使用价值和用户体验。然而，低碳技术和材料的使用可能会对建筑外观产生影响，如更厚的隔热材料可能会改变建筑物的外观。对于一些注重建筑外观的客户来说，可能会影响他们的选择。

低碳技术和材料的使用可以降低建筑的运营成本，如节能灯具和高效隔热材料可以降低能源消耗，减少运营成本。通过采用低碳基础设施，可以降低建筑物的能源和水资源消耗，节省运营成本。但采用低碳技术和材料需要投入更高的资金用于建筑设计、建材采购和施工等方面，这可能会增加建筑项目的初期投资和运营成本。随着技术的进步和市场的发展，低碳技术和材料的成本也在逐渐下降。

采用低碳技术和材料可以提高建筑的可持续性和环保性，从而提高市场竞争力，吸引更多的消费者和投资者。低碳基础设施可以给建筑物贴上“绿色标签”，增强其环保形象，吸引越来越多的消费者和投资者。

8.3 低碳基础设施在建筑领域的全球经验和中国实践

在全球范围内，低碳建筑已成为越来越多国家和地区重要的发展方向。

8.3.1 美国

美国作为全球最大的碳排放国之一，正在积极推广低碳技术在建筑领域的应用。

位于美国匹兹堡的菲普斯可持续景观中心获得了能源与环境设计先锋

(LEED)铂金认证。这个建筑系统化地展示了在景观设计、水与能源效率、室内环境质量以及材料的保护与使用等方面的高超技术。美国绿色建筑委员会对这个项目的评分是63分(满分为69分,迄今为止,只有另外一个建筑项目得到了如此高的分数)。菲普斯可持续景观中心是在一片城市棕地中重新建设的,通过绿色基础设施,场地上所有的废弃物和雨水都能够在场地本身范围内得到有效处理。设计中采用了150种乡土植被,同时实现能源和水的零消耗。在设计建造过程中,如何实现能源百分百的再生利用是最棘手的问题。设计师在设计中心外观和结构时,决定尽可能使用自然光来照明以减少电能消耗,并通过精心设计的地热系统(温度控制在10 ℃左右)来调控冬天和夏天的室内温度,最大限度地降低冬天供暖及夏天制冷所导致的能耗。作为辅助,设计师还通过风电来更好地利用再生能源。

为满足中心的用水需求,设计师利用植物园内的潟湖和湿地设计了一整套水处理系统,除了满足整个植物园的灌溉需求外,采集到的雨水还可以经过存储净化,然后分流到各部分,满足不同的需求。中心使用自然通风系统,依据流体力学计算研究结果确定最佳的门窗位置,门窗的开启则由室内的二氧化碳传感器根据实际状况自动控制。

帝国大厦是纽约市的永久地标。作为美国的象征性建筑之一,其意义不言而喻。这座有90多年历史的标志性建筑于2013年完成了彻底的能源效率改造,为旧建筑升级换代提供了一个范本。

帝国大厦建成于1931年,共有102层,总建筑面积204385平方米,每年吸引超400万名游客,每年的能源成本约为1100万美元。帝国大厦的总体节能改造开始于2009年4月,由多个组织共同实施了能源效率改造项目。2013年改造完成,总投资2000万美元,改造项目预计使能耗降低38%以上,每年为大厦节省440多万美元。更重要的是,这项工作对于全球类似项目来说是一个可以复制的典范。

帝国大厦的能源效率改造项目分为三部分:外部结构改造、智能升级、与承租人开展节能合作。①外部结构改造。细微改变大厦的外部结构使得整个帝国大厦更加节能,在没有牺牲舒适性以及能效的基础上减少了能源开支。帝国大厦重装了6514扇窗户,翻修了窗户散热器隔热层。6514个散热器后面增加的隔热层可减少热量流失，能更有效地保持建筑物外层的温度。②智能升级。帝国大厦如今正使用一种新的设备来监视其他设备的运转，并在空闲时间里调小或停止运转设备，可以节省19.1%的能源，这是能源智能升级的成果。帝国大厦升级了制冷设备，改进了四个电子制冷器，使用高效制冷设备和新的通风设备。智能通风设备监控空气质量，只在必要时换气。每一个制冷、供暖、通风设备都与大型无线控制网络相连。③与承租人开展节能合作。帝国大厦和每一位承租人合作，来帮助其节能，提供必要的手段帮助他们监控并降低能源消耗量，设计建造可持续型办公空间。具体方法包括：低耗高效照明、插座，高能效紧凑型荧光灯(CFL)、智能插座能感应用户是否在座位上，并在用户离开时自动断电。另外，帝国大厦还应用太阳能来节约能源。为实现承租人能源管理，帝国大厦使用即时的网上控制器能让承租人监控其能源使用情况，并帮助他们找到降低能源消耗的有效途径。

帝国大厦突破性的节能改造，降低了38.4%的能源开销，减少的碳排放量达10.5万吨。帝国大厦的能源效率改造项目是一个革命性的实验，整个项目旨在通过恢复和再造，完成最先进的改造，同时降低能耗、运营成本和碳排放量。

8.3.2 日本

日本建筑能源综合管理技术协会在2006年就开始考虑推进建筑节能制度化，而后以楼宇能源管理评价系统(Building-energy Appraisement & Management System，BAMS)为工具，为促进激励建筑节能实施了楼宇的节能推进登录制度，2008年又以登录的楼宇为对象设立了楼宇节能推进表彰制度。

2009年4月，日本提出加速发展零能耗建筑(Zero Energy Building，ZEB)。制定的目标是：到2020年新建公共建筑物实现零能耗，到2030年全部新建建筑物整体上平均实现零能耗。

在节能法和各种法规制度的约束下，日本各相关企业对减少二氧化碳排放的关注度激增，并积极采取行动。首先是经营理念不断更新，并在组织上予以保障。清水建设公司提出“节能—著能—创能”的理念，并从维持建筑物性能的同时降低全寿命周期成本以减少碳排放的观点来评价建筑物的碳排放，从而进行碳管理，并积极推进“双eco”(生态“ecology”且经济“economy”)。2010年，该公司新总部大楼工程的碳排放量降低了50%。

清水建设公司的碳管理是全寿命周期的。如在地上6层、建筑面积为9634平方米的技术研究所新楼规划设计阶段就采用了地板通风空调系统、根据室内人员位置调整风量的空调系统等先进技术，设定的节能指标基准值年热负荷系数(Perimeter Annual Load，PAL)和能量消费系数（Coefficient of Energy Consumption，CEC）比1990年的法定值低26%，一次能源消费量从2041 MJ/(a·m^2)降到1164 MJ/(a·m^2)，减少了877 MJ/(a·m^2)，降低了43%。在材料采购施工阶段选用环境负荷小的材料和施工方法，通过减少垃圾搬运量来减少碳排放量。使用阶段是减少碳排放的重要阶段。办公楼使用时光照、热水的费用相当于建设费用，使用时的碳排放量约占建筑物全寿命周期碳排放量的70%。清水建设公司十分重视使用阶段的碳管理，对建筑物进行监测、建立评价标准，提供节能管理服务。如某公司技术中心建筑面积23203平方米的7层建筑物，以既有建筑能量消费量4889 MJ/m^2为基准值，分析列出可以节能的细目并设定设计目标值3676 MJ/m^2(减少25%)，使用自主开发的热负荷预测控制系统“预测君”进行建筑物运行维护管理，最终取得了能源消费量实际值3087 MJ/m^2、降低了37%的好成绩。

日本丰冈生态住宅坐落在日本丰冈市兵库县北部的核心城市。丰冈市的自然景观丰富而具有特色，在圆山川附近体现得尤为明显。在这样一种背景下，该住宅便成为了当地生态环保型住宅的典范。它是日本环境省的20个生态住宅项目之一。丰冈冬天寒冷多雪，夏天炎热，终年潮湿。于是，便出现了一种传统的住宅，内部设有一个很大的空穴空间，被称为TAKA。在这样一个空间内，热空气和湿气可以通过天窗扩散出去，使其俨然成为一个空气调节系统。外墙涂有灰泥，具有强大的防火性能。内墙可以捕捉湿气与热气，在冬天的时候从太阳光中汲取热量，在夏天的时候利用晚上凉爽的室外空气使室内温度降低。住宅引进了太阳能发电系统，直接利用太阳的热量。环流风扇控制了热空气的流动，使室内环境更为舒适。小球炉作为供热系统被引入住宅中。它利用生物质能进行供热，但不会排放二氧化碳。在空隙空间中安装有温度地暖系统。这些系统以其高运作效率为住宅创造了一个舒适的室内环境。该住宅还采用了雨水收集和再利用系统以及LED灯。

日建设计公司对建筑物的节能投资成本与效益进行了对比分析，用CASBEE系统评价建筑物可持续性发展等级，发现其等级从B+级到A级升高一级时，如单层玻璃换成Low-E玻璃，会使初期投资成本增加。一座10000平方米的办公楼，采用12项低碳节能技术措施使其节能效果达到30%时所必需的初期投资将增加6%，回收期为10年。如表8-1所示，假定建筑物寿命为50年，节能效果达30%时大约可降低9%的全寿命周期成本，这是由于初期建设费只占整体的14%，而能源费却占了34%之多。随着能源价格的提高，二者之差会更大。该公司的分析证明：从建筑物全寿命周期来看，采用节能技术不仅可以减少碳排放量，而且还可以获得较好的经济效果，建设低碳建筑可以在生态和经济两个方面获得双赢。

表8-1　建筑物全寿命周期成本费用占比

成本费用项目	各项占比	
	标准建筑物/%	节能30%建筑物/%
建设费	14	15
保洁费	8	8
警备费	10	10
维修费	14	14
更新改造费	20	20
能源费	34	24
寿命周期成本减少费	—	9
合计	100	100

8.3.3　英国

伦敦政府提出“全伦敦绿色网络”计划，旨在通过建设一系列绿色空间，提高城市的生态质量和居民的健康水平。该计划的目标是将伦敦的公园、花园、河流、湿地等自然景观连接起来，形成一个覆盖全市的绿色网络，为人们提供更多的休闲、运动和交流的机会。该计划还将促进城市的生物多样性，保护和恢复一些濒危或稀有的动植物物种。伦敦政府希望通过这一计划，使伦敦成为一座更加美丽、宜居和可持续发展的城市。

至今，由于系列政策的执行，建筑师、规划师、开发商以及居民对于绿色屋顶和绿墙的公众意识显著提升，伦敦绿色屋顶和绿墙安装量逐年增加，占英国绿色屋顶安装量的42%左右。位于金丝雀北码头的朱比利公园(Jubilee Park)就是一个代表性设计，如图 8-1 所示。该项目位于金丝雀北码头的横木(Crossrail)车站，一栋五层综合大楼的顶部连接了两个高架区域，形成了共享的园景花园。这块场址的地理位置直通北格林尼治，码头几乎就处于本初子午线分隔东西半球的地方。这点启发了设计师们，他们把这片区域上的公园分成了两个地理区。场址的东部代表东半球，主要种植东半球植物；场址的西部则代表西半球，种植来自西半球的植物。围绕建筑包裹着的特制屋顶像一个保护壳，让人想起在运输途中用于保护植物的瓦迪安(Wardian)箱，又让人想起维多利亚时代的玻璃房，里面收纳着许多传奇的新事物。300 米长的木格框架制作的 ETFE 屋顶在花园的中心打开，既能让自然光透进来，又能用雨水进行自然灌溉，同时还提供了波普拉区向北部延伸的视线。

图 8-1 英国伦敦朱比利公园

西门子水晶大厦是一座会议中心，也是一座展览馆，更是向公众展示未来城市及基础设施先进理念的一个窗口。除了惊人的结构设计，水晶大厦还是人类有史以来最环保的建筑之一。水晶大厦本身也为未来城市提供了样本——它占地逾 6300 平方米，却是高能效的典范。与同类办公楼相比，它可节电 50%，减少二氧化碳排放 65%，供热与制冷的需求全部来自可再生能源。该建筑使用自然光线，白天完全利用自然光，夜晚采用智能照明技术。

8.3.4 中国

中国是世界上最大的碳排放国之一，因此积极推广低碳技术在建筑领域的应用具有非常重要的意义。

8.3.4.1 北京国家体育场

北京国家体育场，也称为鸟巢，是 2008 年北京奥运会的主场馆，是中国建筑领域的一个杰出代表。该建筑采用了多种低碳技术，如太阳能电池板、地源热泵、雨水回收系统等，以实现降低能源消耗和减少碳排放的目标。以下是鸟巢在低碳基础设施方面的实践和效果：①建筑设计和结构。鸟巢的设计充分考虑了能源效益和环境友好性。建筑采用了自然通风和自然采光设计，最大限度地减少了对人工照明和空调系统的需求。此外，鸟巢的外部结构采用了轻型钢结构，减少了建筑材料的使用量，降低了碳排放。②能源管理系统。鸟巢配备了先进的能源管理系统，用于监测和控制能源的使用。该系统可以实时监测建筑的能耗情况，并对能源系统进行优化调节，以提高能源利用效率。通过这种智能能源管理系统，鸟巢能够减少不必要的能源浪费，降低碳排放。③再生能源利用。鸟巢在能源方面也采用了再生能源技术。建筑的屋顶安装了太阳能电池板，可以将太阳能转化为电能，用于供电和照明。这种再生能源利用减少了对传统能源的依赖，降低了碳排放。④水资源管理。鸟巢在水资源管理方面也采取了一系列的措施。例如，采用了雨水收集系统，将雨水收集起来用于灌溉和冲洗等非饮用水需求。这种雨水收集和再利用系统减少了鸟巢对自来水的需求，降低了能源消耗和碳排放。

鸟巢作为低碳基础设施的典范之一，通过优化建筑设计和结构、应用先进的能源管理系统、利用再生能源和实施水资源管理措施，取得了显著的低碳效果。它不仅在建筑领域树立了榜样，也向其他国家和地区展示了低碳建筑的可行性和重要性。这种实践有助于推动建筑行业向更加环保和可持续的方向发展，并为全球应对气候变化作出了积极贡献。

8.3.4.2 上海环球金融中心

上海环球金融中心是目前中国最高的建筑，也是世界上最高的三座建筑之一。该建筑采用了多种低碳技术，如太阳能电池板、地源热泵、高效节能灯具等，以实现降低能源消耗和减少碳排放的目标。以下是该项目在低碳方面的实践和效果：①能源效率设计。上海环球金融中心在建筑设计中注重能源效率。建筑外墙采用了高效的隔热材料和双层玻璃，减少了热量传递和能源损失。此外，建筑内部采用了先进的照明系统和智能节能设备，以降低电力消耗。②太阳能利用。该建筑采用了太阳能光伏系统，将太阳能转化为电能。太阳能电池板安装在建筑物的顶部，可以为建筑内部的电力系统提供一部分可再生能源，减少对传统能源的依赖，降低碳排放。③智能节能系统。上海环球金融中心配备了智能节能系统，通过传感器和自动控制技术，实时监测和调节建筑的能源消耗。系统可以根据人流量、室内温度等因素自动调整照明和空调系统，以提高能源利用效率和节能效果。④水资源管理。该建筑采用了雨水收集和再利用系统。通过收集建筑屋顶的雨水，可以供应建筑内部的非饮用水需求，如冲洗马桶、灌溉植物等。这种水资源管理措施减少了对自来水的需求，降低了水资源消耗和碳排放。

上海环球金融中心的低碳实践体现了中国在建筑领域的可持续发展努力。通过能源效率设计、太阳能利用、智能节能系统和水资源管理措施的综合应用，该建筑在减少能源消耗和碳排放方面取得了显著成效。这种实践不仅为其他建筑项目提供了示范和借鉴，也为推动中国建筑行业向低碳和可持续方向发展作出了积极贡献。

8.3.4.3 上海世博会中国馆

上海世博会中国馆是一座采用低碳技术的建筑，其中包括太阳能电池板、地源热泵、雨水回收系统等。以下是该项目在低碳方面的实践和效果：①绿色建筑设计。上海世博会中国馆在设计过程中注重绿色建筑原则。建筑外墙采用了高效的隔热材料和节能玻璃，以减少能源损失和热量传递。此外，建筑内部采用了天然采光和自然通风系统，最大限度地减少对人工照明和空调的依赖，降低能源消耗和碳排放。②太阳能利用。中国馆在建筑顶部安装了大面积的太阳能电池板。这些太阳能电池板可以将太阳能转化为电能，为建筑内部的电力系统提供一部分绿色能源，减少对传统能源的依赖，降低碳排放。③智能节能系统。中国馆配备了智能节能系统，通过传感器和自动控制技术，实时监测和调节建筑的能源消耗。智能节能系统可以根据室内人流量、温度和光照等因素自动调整照明和空调系统，以提高能源利用效率和节能效果。④可持续材料和回收利用。在建筑材料的选择和使用上，中国馆注重采用可持续材料，并推动建筑废弃物的回收利用。通过选择可再生材料和采用可循环利用的建筑构件，减少了对有限资源的消耗，并降低了碳排放。

上海世博会中国馆的低碳实践体现了中国在绿色建筑领域的努力和成就。通过绿色建筑设计、太阳能利用、智能节能系统和材料回收利用等措施，该建筑取得了显著的低碳效果。这种实践不仅在国内建筑行业树立了榜样，也向国际社会展示了中国在可持续发展方面的承诺和贡献。

8.3.4.4 北京首都国际机场 T3 航站楼

北京首都国际机场 T3 航站楼是亚洲最大的航站楼之一，也是中国在低碳建筑领域的典型代表，如图 8-2 所示。该建筑采用了多种低碳技术，如太阳能电池板、地源热泵、高效节能灯具等，以实现降低能源消耗和减少碳排放的目标。以下是该项目在低碳方面的实践和效果：①能源效率设计。T3 航站楼在建筑设计中注重能源效率。建筑外墙采用了高效的隔热材料和节能玻璃，以减少能源损失和热量传递。建筑内部采用了智能照明系统和节能设备，通过自动调节和感应控制，降低了电力消耗。②太阳能利用。T3 航站楼的屋顶安装了大面积的太阳能电池板。这些太阳能电池板可以将太阳能转化为电能，为建筑内部的电力需求提供一部分绿色能源，减少对传统能源的依赖，降低碳排放。③智能节能系统。航站楼配备了智能节能系统，通过传感器和自动控制技术，实时监测和调节建筑的能源消耗。系统可以根据人流量、室内温度和照明需求等因素自动调整照明、空调和通风系统,以提高能源利用效率和节能效果。④水资源管理。T3 航站楼采用了先进的水资源管理系统。建筑内部安装了节水设备,如低流量水龙头和节水冲水系统,减少了用水量。此外,航站楼还利用雨水收集系统收集和利用雨水,用于灌溉植物和冲洗非饮用区域,降低了对自来水的需求。

通过这些低碳实践,北京首都国际机场 T3 航站楼显著降低了能源消耗和碳排放。它不仅为机场建设提供了可持续发展的样板,也为全球航空业提供了低碳技术和经验的借鉴。这种实践为推动中国建筑行业向更加环保、节能和可持续方向发展树立了典范。

图 8-2 北京首都国际机场 T3 航站楼

8.3.4.5 深圳国际低碳城会展中心

2010 年,深圳成为国家首批低碳试点城市。在此背景下,深圳国际低碳城项目应运而生,并成为国家八大低碳试点城市项目之一。深圳国际低碳城项目共包含 53.13 平方千米的全域示范区、5 平方千米的拓展区和 1 平方千米的核心启动区,目标是打造"未来先进减排应用试验基地",力争率先实现碳中和目标。

这座低碳城投入使用后，每年可生产100多万千瓦时绿电，减少碳排放600多吨，园区用电基本实现自发自用。为了打造“未来先进减排技术应用中心”的国内首个近零能耗场馆，展馆整体方案设计引入了智能光伏储能、光储充电桩、微藻氧吧、未来小屋等多种应用场景，对园区各类能源设备进行发、储、配、用的全流程精细化管理，实现了碳排一屏可视、一网可管，助力园区低碳高效运行。以下是该项目在低碳方面的实践和效果：①被动设计和能源效率。深圳国际低碳城会展中心在建筑设计中采用了被动设计原则，包括优化建筑朝向、采用高效隔热材料和节能玻璃，以最大限度地减少能源消耗。建筑外墙采用了双层通风和日光控制系统，通过最大限度地利用自然光和自然通风，降低了对人工照明和空调系统的需求。②太阳能利用。会展中心的屋顶安装了大规模的太阳能电池，将太阳能转化为电能。这些太阳能电池板为建筑内部供电，减少了对传统能源的依赖，降低了碳排放。③智能控制系统。会展中心采用了智能控制系统来监测和调节建筑的能源消耗。通过传感器和自动控制技术，系统能够实时监测室内外温度、湿度和光照等因素，并自动调整照明、空调和通风系统的运行，以提高能源利用效率和节能效果。④水资源管理。会展中心采用了先进的水资源管理系统，包括雨水收集和利用系统、节水设备和灌溉系统等。通过收集和利用雨水、节水设备和灌溉系统的优化，会展中心成功降低了用水量，实现了水资源的有效管理和利用。

深圳国际低碳城会展中心的低碳实践取得了显著的成果。通过采用被动设计原则、太阳能利用、智能控制系统和水资源管理等措施，该项目在能源消耗和碳排放方面取得了显著的效果。这不仅为深圳乃至中国的建筑行业提供了可持续发展的示范，也为其他国家和地区的建筑项目提供了宝贵的经验和启示，促进了全球低碳建筑的发展。

8.3.4.6 台北公共图书馆

台北公共图书馆北分公司是一个环保建筑。馆内建材或钢构、或木造，减少了混凝土的使用，就是为了减少对环境的伤害和负担。而全馆设计采用挑高夹层的高低窗产生的浮力通风，再配合气体交换机，就能降低室内温度约4 ℃。

这么做不仅可节省电费，更能将户外清新的空气引进来。另外，装有太阳能电池板的轻质生态屋顶的发电量在夏天正午时可供应全馆同时间20%的用电量。至于斜坡屋顶及草坡设计，则可绿化屋顶、涵养水分、减少直接曝晒；借斜屋顶收集而来的雨水可用于浇灌植物及作为清洁用水，实现水资源的再利用。一、二楼中间楼梯的墙面，采用来自陶瓷厂的废料，经切割后巧妙组成层次分明的陶瓷立面，午后阳光洒进来时能透出层层叠叠的彩色光辉，是环保建材再利用的实例。

总的来说，中国在低碳建筑领域推广低碳技术的典型案例非常多，它们体现了中国在可持续建筑方面的努力和创新。以下是这些项目的共同点：①能源效率设计。这些项目在建筑设计中注重能源效率，采用了各种措施来减少能源消耗。例如，采用高效隔热材料和节能玻璃，优化建筑朝向，最大限度地利用自然光和自然通风等。②可再生能源利用。这些项目都积极利用可再生能源，如太阳能电池板等。通过将太阳能转化为电能，减少对传统能源的依赖，降低碳排放。③智能控制系统。这些项目都采用了智能控制系统来监测和调节能源消耗。通过传感器和自动控制技术，系统能够实时监测室内外环境因素，并自动调整照明、空调和通风系统的运行，提高能源利用效率和节能效果。④水资源管理。这些项目都采用了先进的水资源管理系统，包括雨水收集和利用系统、节水设备和灌溉系统等。通过收集和利用雨水、节水设备和灌溉系统的优化，降低用水量，实现水资源的有效管理和利用。⑤环保意识与可持续发展。这些项目都体现了对环境保护和可持续发展的重视。在设计和建设过程中，设计者们考虑了减少碳排放、降低能源消耗、优化水资源利用等方面的要求，致力于建造更加环保和可持续的建筑。

结合全球经验和中国实践，对低碳基础设施在建筑领域应用的总结如下：全球范围内，许多国家和地区已经采取了各种低碳建筑措施。例如，欧盟在建筑能源性能方面制定了严格的标准，鼓励能源效率和可再生能源的应用。美国推动绿色建筑认证系统LEED的广泛应用，促进了建筑的可持续发展。中国积极推动节能建筑和绿色建筑的发展，制定了一系列政策和标准，大力推广太阳能和风能等可再生能源技术在建筑中的应用，并通过示范项目和财政支持等措施推动低碳建筑的发展。

对未来低碳基础设施在建筑领域应用的展望如下：①加强政策支持。政府应加强对低碳建筑的政策支持和激励措施，通过制定更为严格的能源效率标准、提供优惠贷款和补贴等措施，推动建筑业采用低碳技术和设计。②创新技术应用。继续推动创新技术在建筑领域的应用，如智能建筑管理系统、建筑一体化设计和制造技术、建筑物联网等。这些技术有助于提高建筑的能源效率、减少碳排放，并提升建筑的舒适性和用户体验。③推广绿色认证与评估。加强绿色建筑认证与评估体系的推广和应用。通过引入国际通用的认证体系，如LEED和BREEAM，提高建筑的可持续性评估水平，并激励建筑业在设计和施工过程中采用绿色技术和材料。④促进产业协同发展。加强建筑产业链各环节的协同发展，包括设计、施工、材料供应等。鼓励建筑业与绿色技术企业、研究机构和金融机构合作，共同推动低碳建筑技术的研发、应用和推广。⑤提高公众意识与参与。加强公众对低碳建筑的认知和参与度。通过教育和宣传活动，提高公众对低碳建筑重要性和价值的认识，鼓励公众积极参与低碳建筑的设计和使用。

第九章　低碳基础设施在城市规划领域的应用案例

本章首先介绍低碳基础设施在城市规划领域的应用和效果，然后分析低碳基础设施在城市规划领域的优势和劣势，最后展示低碳基础设施在城市规划领域的全球经验和中国实践。

9.1　低碳基础设施在城市规划领域的应用和效果

9.1.1　城市绿化

城市绿化是低碳城市规划的一个重要方面。通过增加绿地面积、推广生态景观、建设城市森林等方式，可以有效地减少城市碳排放，提高城市生态环境的质量。例如，纽约提出“百万树计划”，通过种植百万棵树木来增加城市绿化面积，减少大气污染和城市热岛效应。

城市绿化低碳基础设施在城市规划领域的应用和效果广泛，具体表现在以下几个方面：①城市绿化低碳基础设施包括绿色植被、生态水体和城市森林等方面的基础设施，可以有效提升城市环境的生态质量，改善城市生态环境，减少空气污染和噪声污染等。②城市绿化低碳基础设施可以通过植被的防晒、隔热、保温等效果，降低城市建筑物的能耗，减少城市的碳排放。③城市绿化低碳基础设施可以美化城市环境，提升城市形象和品质，增加市民的生活幸福感和满意度。④城市绿化低碳基础设施可以提升城市的生态、环境和经济效益，促进城市的可持续发展，实现城市的经济、社会和生态的协调发展。

城市绿化低碳基础设施在城市规划领域的应用和效果广泛，是推动城市可持续发展的重要策略之一。

9.1.2 低碳交通

低碳交通是低碳城市规划的关键领域之一。通过发展公共交通、推广电动车辆、鼓励步行和骑行等方式，可以有效地减少城市的交通碳排放，并改善城市交通拥堵问题。例如，广州实施了白云山有轨电车项目，将传统公交车线路改为有轨电车线路，实现了低碳交通的转型。

低碳交通和低碳基础设施在城市规划领域的应用和效果广泛，具体表现在以下几个方面：①低碳交通包括乘坐公共交通、骑行、步行等多种交通方式，可以减少城市道路拥堵和交通事故，降低城市交通能耗和碳排放，促进城市交通可持续发展。②低碳基础设施包括智能交通系统、电动车充电桩、自行车租赁站等，可以提升城市交通效率，降低交通拥堵和能源消耗。③低碳交通和低碳基础设施可以减少城市交通污染和噪声，改善城市环境质量，提升市民的生活质量。④低碳交通和低碳基础设施可以促进城市经济的发展，提升城市形象和品质，增加城市的吸引力和竞争力。

低碳交通和低碳基础设施在城市规划领域的应用和效果广泛，是推动城市可持续发展和改善城市环境质量的重要策略之一。

9.1.3 可持续建筑

可持续建筑是低碳城市规划的重要组成部分。通过采用节能环保材料、推广低碳建筑技术、实现建筑节能管理等方式，可以有效地减少城市建筑的能源消耗和碳排放。例如，德国弗莱堡采用了生态建筑、被动式太阳能利用等技术，实现了城市建筑的可持续发展。

可持续建筑和碳基础设施在城市规划领域的应用和效果广泛，具体表现在以下几个方面:①可持续建筑和低碳基础设施可以采用节能、环保、低碳的设计理念和技术,减少城市建筑物的能耗和碳排放,降低城市的碳足迹。②可持续建筑和低碳基础设施可以通过采用可再生能源、节水、回收利用等技术手段,提高城市建筑物的资源利用效率,降低城市的资源损耗和环境污染。③可持续建筑和低碳基础设施可以采用抗震、防火、防洪等技术手段,提升城市建筑物的抗灾能力,保障市民的生命财产安全。④可持续建筑和低碳基础设施可以促进城市经济的可持续发展,提高城市建筑业的技术水平和竞争力,带动城市的经济增长。

可持续建筑和低碳基础设施在城市规划领域的应用和效果广泛,是推动城市可持续发展和保障城市安全的重要策略之一。

9.2 低碳基础设施在城市规划领域的优势和劣势

低碳基础设施的应用可以提高城市的交通便利性、建筑质量和景观品质,增加城市的宜居性和吸引力。

低碳基础设施可以提高城市品质。第一,低碳基础设施采用现代化、环保的技术和设计理念,可以提升城市的形象和品位,增强城市的吸引力和竞争力。第二,低碳基础设施注重低碳、舒适、智能的居住环境设计和建设,可以提高居民的居住品质和生活舒适度,增强其幸福感和获得感。第三,低碳基础设施采用节约空间、高效利用的设计理念,可以优化城市空间布局,提高城市的空间效率和利用率。第四,低碳基础设施注重生态环境保护和绿色建设,可以提高城市的绿化水平和生态环境质量,增强居民的健康感和精神文明感。第五,低碳基础设施的建设和运营可以促进城市文化的发展和创新,提高城市的文化品位和文化软实力。

低碳基础设施的应用可以促进城市经济的发展。第一,低碳基础设施的建设和运营需要大量技术人才和工人,可以创造就业机会,促进就业增长和经济发展。第二,低碳基础设施采用先进的技术和装备,需要大量的研发和制造,可以推动产业升级和技术创新,提高产业竞争力和经济效益。第三,低碳基础设施采用节能、环保的技术和设计理念，可以降低能源和资源的消耗和成本，提高效率和生产力，增强企业的竞争力和营利能力。第四，低碳基础设施的建设和运营可以开拓新的市场空间和商机，促进经济发展和贸易往来，增强城市的综合实力和竞争优势。第五，低碳基础设施的建设和运营可以提高城市的形象和品位，增强城市的吸引力和竞争力，吸引更多的人才和资本进入城市，促进经济发展和创新。

低碳经济和可持续发展面临的一个重要问题是财力投入不足，这主要是由以下几个方面原因所致：首先，低碳基础设施的投资回报周期相对较长，需要较长时间才能获得经济效益，这使得投资者对低碳基础设施的投资兴趣相对较低。其次，低碳基础设施建设需要政策的支持和引导，如财政补贴、减税优惠等，但目前政府对于低碳基础设施的财政投入还不够充分。再次，低碳基础设施的资金来源相对单一，主要依赖政府和银行等传统融资渠道，其他融资渠道的开发还不够充分，难以满足低碳基础设施建设的资金需求。最后，由于低碳基础设施的技术和市场尚未成熟，存在一定的技术风险和市场风险，这使得投资者对于低碳基础设施的投资兴趣相对较低。

在低碳基础设施的建设过程中，公众可能由于缺乏对建设计划的了解和参与，导致对于低碳基础设施的认知和理解不足，从而影响了社会的接受度。由于大部分公众对低碳技术的了解程度不高，对于低碳基础设施的建设往往存在误解和不理解，这也影响了公众对于低碳基础设施的接受度。一些低碳基础设施的建设和运营可能会对环境和社会产生一定的影响，如风力发电机的噪声污染、太阳能电池板的安装和拆卸等，这也会影响公众对于低碳基础设施的接受度。

低碳基础设施的应用需要社会各方面的参与和支持，可以提升公众的参与度和环保意识，增强城市的社会凝聚力和文化活力。为提高低碳基础设施的社会接受度，可以采取以下措施：第一，加强沟通和宣传。政府和企业应加强对低碳基础设施的宣传和普及工作，通过各种渠道向公众传递低碳技术的优势、建设方案和环保措施等信息，提高公众对于低碳基础设施的认知和理解。第二，加强公众参与和反馈。政府和企业应加强与公众的沟通和互动，充分听取公众的意见和建议，建立反馈机制，及时解决公众关注的问题，增加公众对于低碳基础设施的参与度和认可度。第三，采取环保和社会责任措施。政府和企业应采取一系列环保和社会责任措施，如减少低碳基础设施的环境和社会影响，加强环保监管和管理，提高低碳基础设施的可持续性。

综合来看，低碳基础设施在城市规划领域的应用既具有优势又面临挑战，需要政府、企业和公众共同努力，制定有效的政策和措施，推动城市的可持续发展。

9.3 低碳基础设施在城市规划领域的全球经验和中国实践

低碳基础设施已经成为全球的热点和趋势，各国和地区都在积极推动相关的项目和政策。

9.3.1 新加坡

新加坡是著名的花园城市，连续多年被评为全球宜居城市，并多次当选亚洲人最适宜居住城市。

9.3.1.1 城市生态

早在1965年新加坡就提出了建设花园城市的设想。新加坡于20世纪60年代开始整治环境、种植树木、建设公园，要求每个镇区中应有一个10公顷的公园，距居民区500米范围内应有一个1.5公顷的公园；70年代重点进行道路绿化，要求每条路两侧都有1.5米的绿化带；80年代通过实施长期生态保育战略计划，将5%的土地设为自然保护区，要求每千人享有0.8公顷的绿地；90年代建设连接各公园的廊道系统，建设绿色基础设施。

9.3.1.2 公共交通

新加坡通过建设贯穿全国的地铁、轻轨系统和陆上公交汽车网络系统来解决市民的出行问题；通过GPS自动调节系统提高出租车效率，通过电子收费系统限制公交车以外的车辆在交通高峰时间进入闹市区，并实行年度汽车限购政策，防止车辆数目快速增长。

9.3.1.3 城市住房

新加坡通过推进“居者有其屋”计划，共建成超过 12 万套公寓和店铺来解决城市的人口住房和就业问题，既实现了社会公正，又推动了城市建设。

9.3.1.4 绿色建筑

新加坡从 2008 年开始要求所有新建建筑都必须达到绿色建筑最低标准，超过 5000 平方米空调面积的新建公共建筑达到绿色标志白金评级。既有公共建筑到 2020 年时，超过 10000 平方米空调面积的要达到绿色标志超金评级。政府出售土地时，要求工程达到较高层绿色标志评级（白金和超金）。

9.3.2 日本

2007 年 3 月 30 日，在日本东京六本地区开业的东京中城是集旅馆、文化设施（美术馆）、商业办公、居住、医院、公园等设施为一体的城市综合体。它是一座由约占 40%的公园绿地与 6 座建筑单体构成的综合性新型“都城”。该项目用地面积约 102000 平方米，实际占地面积约 78400 平方米，总建设面积约 569000 平方米。东京中城自建成以来，以其在各方面所表现出的优良业绩已成功地印证了该项目的开发是一项“城市再生”的典范，获得了日本可持续建筑奖等众多优秀奖项。

为实现与自然共生开放的城市街区建设目标，东京中城在绿化系统维护与补偿、水资源高效循环利用、建筑节能以及日常使用管理等方面采取了积极的生态位策略。

9.3.2.1 绿化系统维护与补偿

与东京城市中的其他建筑群不同，东京中城最大的特点在于拥有大片的绿地。约占建设用地面积 40%的广阔绿地与青山和赤羽地区的绿地相连，形成了绿色走廊。该项目建设过程中在最大限度地保留原基地树木的同时，还结合屋顶建筑隔热，增设了2300平方米的屋顶绿化。大片绿地的形成不仅为生活在城市的人们带来了休闲和避难的场所，而且对缓解城市热岛效应和维护城市的生态系统都具有重要的作用。测试结果表明，东京中城范围内的白天表面平均温度比外围的平均温度低3 ℃。

9.3.2.2 水资源高效循环利用

为实现城市水资源的循环有效利用，东京中城采用了雨水收集与污水处理再利用系统。一个容量约4800立方米的水池和日处理量680立方米的中水处理设施用于基地内屋面、地面的雨水收集和生活污水的处理。2008年，约152000立方米的生活污水得到了处理再利用。此外，东京中城还广泛采取了使用节水型设备、地面透水性铺装、透水性管沟等有利于水资源利用和改善城市生态环境的措施。

9.3.2.3 建筑节能

东京中城在能源使用方面采取了各项节能措施。首先，根据太阳在建筑各方位朝向日照强度及角度的不同，结合计算机太阳效果能耗模拟，在塔楼建筑的东南、西南面采用了水平遮阳，在东北和西北面采用了垂直遮阳。遮阳设施的有效设置，使该建筑办公部分的热负荷系数削减率约达16%。其次，采用了Low-E中空玻璃窗，有效减低了建筑的热负荷。此外，东京中城还采用了太阳光智能感应的百叶遮阳系统，依据天气与太阳的高度角不同，自动调控百叶的开闭，在一定程度上减低了室内的空调负荷。在照明节能方面，除了采用智能感应的高效节能灯外，东京中城还在大型室内公共空间以及地下室积极引入自然光，以降低照明能耗。屋面上安装的太阳能电池板还能提供电能。

在利用设备节能方面，东京中城采取了热电联产系统、水蓄热系统和钠硫(NAS)电池，有效改善用电结构和负荷特性，通过利用深夜电力"削峰填谷"缓解用电高峰。据2008年统计，削减峰值电量达3700千瓦。除上述节能措施外，东京中城实行了垃圾分类处理、回收利用制度；采取了物流统一高效管理运行模式，减少进出东京中城的车辆，缓解交通压力；使用耐久产品，应用光触媒净化技术，减少了化学药剂的用量，降低对环境的污染。据统计，通过实施上述节能减排措施，东京中城从2011年4月至2012年2月削减了约23％的二氧化碳排放量。

9.3.3 中国

9.3.3.1 雄安新区规划

雄安新区自设立以来，受到了社会各界的广泛关注。国家对雄安新区的建设，突出了“高起点、高标准开发建设”的任务，强调了“国际一流”绿色智慧新城的要求，力图“构建蓝绿交织、清新明亮、水城共融的生态城市”。如何避免“大城市病”，如何防止陷入城市发展过程中的“高碳锁定”，如何建设低碳雄安新城是建设伊始就应当思考的问题。

雄安是在“一张白纸”上建设的新城，是贯彻新发展理念、改革创新的试验田，按照中央对雄安新区“世界眼光、国际标准、中国特色、高点定位”和“生态优先、绿色发展”的要求，需要大胆地先行先试，探索构建一个新时代下具有示范意义的零碳、智慧、绿色能源体系，筑就支撑新区发展、创造“雄安质量”的能源基础，更好地满足雄安人民群众日益增长的美好生活需要，为加快推进能源的高质量发展和现代城市建设提供全国样板。

(1)以打造雄安“零碳智慧绿色能源体系”作为规划目标

雄安要以世界眼光、国际标准打造零碳智慧绿色能源系统，引领全球未来城市规划建设和绿色能源发展趋势。首先，“清洁零碳”是指能源供应以地热能为主，辅以光伏、生物质能、外来绿色电力以及天然气和氢能等能源，近期确保“碳中和”，远期实现完全零碳排放目标。其次，“多能互补、智慧协同”是指建设“源网荷储”协同的多能互补智能化绿色能源系统，基于互联网思维构建地下地上大数据(三维空间＋时间)和商业价值网络云平台，统筹调度生产、输配、储运、利用等各环节，实现数字虚拟世界和物理实体世界的协同高效运行，作为“数字雄安”的重要组成部分。最后，“安全高效”是指节能优先，大幅度提高能效，实现清洁能源大规模利用，确保能源供应安全。通过地下三维空间大数据动态维护，实时管控雄安“物理实体世界”，实现清洁能源高效利用、城市基础设施安全运行，建成“全球样板”。

雄安新区 2022 年、2035 年和 2050 年的能源供需发展目标如表 9-1 所示。

表 9-1　雄安新区未来能源发展主要指标

类别	指标		单位	2022 年	2035 年	2050 年
能源总量	一次能源供给量		万吨标煤	370	774	1464
	终端能源总量	总量	万吨标煤	352	760	1453
		其中:全社会用电量	亿千瓦时	113	426	806
能源结构	地热能		%	32.1	34.3	37.7
	天然气		%	41.3	1.6	0
	光伏		%	2.5	13.2	11.2
	生物质		%	1.5	10	8.5
	外购电		%	21.3	35.7	36.9
	外购氢气		%	1.3	5.1	5.6
能源效率	单位国内生产总值能耗（2015 年价）		吨标煤/万元	0.18	0.034	0.016
能源环保	单位国内生产总值二氧化碳排放（不包括外购电）		千克/万元	118	0.4	0

根据表 9-1 可知，首先，在能源消费总量方面，终端能源需求总量 2022 年控制在 352 万吨标煤左右，2035 年控制在 760 万吨标煤左右，2050 年控制在 1453 万吨标煤左右。全社会用电量 2022 年控制在 113 亿千瓦时，2035 年预计约为 426 亿千瓦时，2050 年预计约为 806 亿千瓦时。能源自给率初期保持在 35%以上，到 2035 年之后达 60%左右，清洁、高质量能源的供应能力不断增强，能源安全保障能力稳步提升。

其次，在能源消费结构方面：2022 年，地热能消费比重约为 32.1%，天然气消费比重约为 41.3%，光伏发电消费比重约为 2.5%，生物质消费比重约为 1.5%，外购电比重约为 21.3%，外购氢气比重约为 1.3%。2035 年，地热能消费比重维持在 34.3%以上，天然气消费比重降至 1.6%，光伏发电消费比重约为 13.2%，生物质消费比重约为 10%，外购电比重控制在 35.7%左右，外购氢气比重约为 5.1%。2050 年，考虑到干热岩等深层地热能资源可大规模利用，雄安地热能消费比重有望达 37.7%，完全不使用天然气，光伏发电消费比重约为 11.2%，生物质消费比重约为 8.5%，外购电比重约为 36.9%，外购氢气比重约为 5.6%。

再次，在能源系统效率方面，能源利用效率稳步提升，2022 年单位增加值能耗 0.18 吨标煤/万元，2035 年降至 0.034 吨标煤/万元，2050 年进一步降至0.016 吨标煤/万元。

最后，在能源环保低碳方面，2022 年单位生产总值二氧化碳排放(不包括外购电)约 118 千克/万元，2035 年降至 0.4 千克/万元，2050 年完全实现零排放。

(2)同步打造"物理实体世界和数据虚拟世界"

首先，以"两个世界"协同建设为抓手，破除能源竖井，打造可与智慧城市无缝链接的云平台、智能化和可运营的数字能源系统。基于自有资源禀赋，雄安的能源体系从一开始就要坚持以地热能、分布式光伏、外调绿色电力、生物质、氢能等非化石能源为主体，天然气为过渡，抽水蓄能、新型储能为辅助；同时按照协同思路推进实体能源世界和虚拟能源世界同步建设，全面采用"互联网+"智慧能源技术实现"源网荷储"协同以及电、热、冷、气、信息和资金流"六流合一"。

其次，在雄安着力建设市场交易中心与政府管理和监管中心，形成现代能源体制机制；建立国内与国际市场联通、具有重要定价能力和影响力的全国绿色能源市场交易中心；有序推进全国电力、天然气、碳排放权等绿色能源交易平台建设，以人民币为计价货币，参与主体涉及境外及全国的投资者，建立兼容期货与双边合约、中长期交易和现货交易相结合的绿色能源市场体系；加快建立能源领域绿色生产和消费的法规体系和政策导向；按照大部制原则，明确授权由一个部门牵头建设统一的能源管理和监管中心，统筹电、热、冷、气、水等领域的审批和监管，简化项目审批核准程序，在职责设置上避免多头管理以及管理越位和监管缺位，充分发挥市场在资源配置中的决定性作用，同时更好地发挥政府作用。

(3)打造雄安智慧能源系统

一是基于“互联网＋”理念，建设雄安多能互补云平台。根据雄安新区战略定位，新区内将涵盖科技园区、住宅区、综合商区、院校及科研区、行政事业单位、医院等多种业态，用能特性差异大、互补性强，可遵循“互联网＋”的理念，构建分布式和集中式供应相协调的能源供应网络，并通过信息控制技术实现能源全生命周期的互换和交互，从而优化能源系统资源配置，提升能源系统综合效率，大幅提高可再生能源消纳能力。

二是按照智慧交通的理念构建交通能源系统。雄安未来需要优先发展以电动汽车、轨道交通及智慧交通为骨干的城市交通系统。通过建设以电动汽车及氢燃料电池汽车为主体的市内地面交通系统、以城市轨道交通为基础的城市公共交通系统、以智慧交通为理念的交通调度系统，实现新区与周边城际、高铁、高速公路、机场和干线公路网衔接，最终建成集疏高效、服务便捷的新区智慧交通云平台。

三是用构建产业集群的理念支持地热能资源的高质量开发利用，将“雄县模式”转型升级为地热能高质量开发利用的“雄安模式”。雄安地热能资源富集，地下静态经济型地热能资源量相当于34.71亿吨标煤，静态亚经济型地热能资源量相当于52.12亿吨标煤。地热能利用前景远大，但单纯用于冬季取暖的经济性不高，若用于发电更是无法与常规发电的经济性相比。因此，亟须探索梯级开发、综合利用的商业模式，搭建以地热能资源开发利用为核心的产业集群。根据创造“雄安质量”目标的要求，结合雄安的资源条件和清洁用能需求，高起点、高标准、高水平地开发利用地热能资源。在规划理念上，由地热能开发跟着城区组团走转变为地热能规划先行；在供能来源上，由水热型为主转变为土壤型和水热型并举；在供能方式上，由单一供暖转变为电、热、冷等多联供；在用能方式上，由单一地热能转变为多能互补；在用能周期上，由一个供暖季转变为一年四季；在产业链条上，由单一能源产业转变为地热能上、中、下游一体化产业集群。做到上述“六个转变”，实现多能协同互补、梯级高效利用、全产业链高质量开发利用。

9.3.3.2 上海世博会低碳规划

上海世博会城市最佳实践区位于世博园区、黄浦江畔，占地面积 15.08 公顷，是呈现 2010 年上海世博会主题的重要载体之一。世博会期间，城市最佳实践区涵盖了能源利用、文化遗产保护、水资源保护、老城保护和发展、新农村建设、城市交通等一系列城市发展问题的解决案例，是世博会历史上的一个创举，并成为了城市建设管理和专业人士交流、分享、推广城市最佳实践的全球平台。世博会后，为继续演绎“城市，让生活更美好”的世博会主题，进一步传承世博会“低碳、绿色、生态、环保”的理念，城市最佳实践区在后续开发建设中坚持高起点规划，积极采用低碳新技术、新材料、新能源和新工艺，大力发展绿色建筑，取得了显著的成效。目前，城市最佳实践区已获得美国绿色建筑委员会颁发的“LEED-ND 铂金级第二阶段认证”证书，《后世博城市最佳实践区低碳规划》也获得了国际城市和区域规划师协会(ISOCARP)颁发的 2013 年度卓越贡献奖。

2009 年 7 月，上海世博会事务协调局和市环保局共同发布了上海世博会的环境评估报告，这是承办方发出的要举办一届“绿色世博”的重要信号。8 月，联合国联合规划署发布了上海世博会的环境评价报告，肯定了上海世博会的绿色努力和低碳措施。

首先是上海世博会的会展选址非常有战略眼光，选择了城市中心的旧工业改造区，这样既与城市的主题相吻合，又带动和实现了老城区的有机更新，激活了衰败的老城中心，让其重新美好起来，不得不说这是一种智慧和勇气。特别是世博区新建 100 万平方米的生态走廊，大大提升了该地区的生态质量，加上适当布置的众多公共艺术品，使这个昔日灰色的文化死角成为一道亮丽的风景线。上海世博会的选址理念，必将成为各国城市更新的借鉴样板，并产生深远影响。

其次是上海世博会对绿色技术的广泛应用，直接造就了低碳排放的绿色园区。不管是基础设施还是单体建筑，无论是永久性的建筑还是临时性的场馆，不管是新建建筑还是改造的老建筑，设计者都在节能减排、节约资源和减少环境负荷上采取先进、有效的技术和材料。整个世博园都体现了一种低碳世博的理念。

最后是城市最佳实践区成为上海世博会的又一大亮点。在这些绿色行动的集体亮相中，上海世博会对于老工业区、老城区与老街坊的规划意图是明确的，为各国提供优秀实践案例展场的同时，实践区本身也成为最佳低碳实践的案例。在最佳实践区里面，保留了工业建筑，占该区建筑总数的60%以上，体现了保护前的修复、改造和利用，使其具有新的功能和节能环保的品质，并且嵌入了许多文化与时尚的现代元素。这样既保留了历史的基因，又可以展现时代精神。

(1)世博园区央企片区(B片区)

世博B片区是世博园区除既有保留建筑外，最先启动的新建大规模建筑群。片区统一规划成6个街坊、25个小地块，分别由13家央企进行建设。基地总面积13.68万平方米，规划总建筑面积约100万平方米，地上约60万平方米，地下约40万平方米。

2011年8月，《上海市世博会地区会展及商务区B片区控制性详细规划》经上海市人民政府正式批准。规划目标是充分挖掘B片区顶级商务区的潜质，将B片区发展成为环境宜人、交通便捷、低碳环保、具有活力的知名企业总部聚集区和国际一流的商务街区，使之成为促进上海城市功能转型和中心城区功能深化提升的重要功能载体。

园区建设按照"小街坊、高密度、低高度、紧凑型"的布局要求，坚持"功能优先、绿色环保、以人为本"的理念，实现了建筑紧凑集约、城区高效绿色开发，如今已成为绿色低碳开放式街区建设的代表，并取得以下实践成果：

①上海世博发展(集团)有限公司作为项目建设总控单位协调统筹世博B片区建设，统筹全部贯通的超大型"地下工程"，主持统一编制了《世博B片区绿色建筑技术导则》，明确区域绿色建筑目标和指导绿色建筑适用技术，最终成功实现了世博B片区整体绿建三星目标定位84%的面积比例，高于导则目标要求的60%。

②明确B片区区域共享技术，包括采用建筑信息模型(BIM)技术协调地下空间整体开发；单体建筑全面实施立体绿化为区域生态补偿；区域能源中心容量配置满足B片区运行需求，同时采用三联供水、蓄冷蓄热等节能措施；小尺度街区对区域风环境、热环境的营造。

③针对建筑单体的适用技术，根据不同项目的需求有不同的表现形式。如自然通风是当今建筑普遍采取的一项改善建筑热环境、节约空调能耗的技术。世博B片区各地块主要为商业办公楼，且楼宇高度主要为50～70米，外围护结构均为幕墙体系，适合利用自然通风。通过幕墙直接开启、幕墙穿孔铝板开启或者通风器等形式均可实现过渡季换气次数大于2次/小时的要求。

总的来说，世博B片区的绿色低碳区域规划、绿色建筑标准制定、绿色理念宣传、单体建筑技术策划、适用技术汇总、运行评估分析可完整覆盖全周期建筑群规模发展的项目等经验，为城市更新项目、商务园区开发项目绿色低碳建设提供借鉴。

(2)世博园区绿色建筑

世博园区A、B片区目前已获得绿色建筑的项目100%获得绿色建筑二星级及以上标识，其中获得三星级标识的绿色建筑数量比例达到61%，5个项目获得绿色建筑三星级运营标识，华能上海大厦获得了2020年中国绿色建筑创新奖三等奖。B片区多个项目还开展了LEED金级以上、BREEAM等国外绿建标识认证。其中，2021年建成投用的新开发银行总部大楼获得LEED铂金级绿色建筑认证和国家绿色建筑三星级认证、中国健康建筑认证等，为世博园区绿色建筑群增加了一大亮点。

城市最佳实践区规划建筑面积约25万平方米，已认证的二星、三星绿色建筑达到21.7万平方米，园区绿色建筑总量占总规划建筑面积的86%。多幢新建建筑还获得了LEED金级认证。而在既有建筑方面，世博源作为大型商业设施，仍保留运行着世博会期间绿色低碳设施并不断加以改造更新，2020年被评为全国绿色商场。2021年城市最佳实践区汉堡馆经过节能改造获得中国建筑节能协会认证，成为上海首个近零能耗既有建筑。

园区企业积极开展大型公建能耗分项计量、能源审计、碳排放盘查工作，鼓励企业开展碳排放年度报告、参与自愿减排、发布社会责任报告。2021年，园区专门组织编制了世博浦东园区碳达峰研究报告，为下一步实现建筑碳达峰、碳中和工作夯实基础。

①华能上海大厦。本项目于2017年投入使用，2019年获得绿色建筑三星级运营标识，2020年获得中国绿色建筑创新奖三等奖，占地面积10405平方米，

总建筑面积 89035 平方米，地上建筑面积 50055 平方米，地下建筑面积 38980 平方米。通过精细化设计，华能上海大厦因地制宜地选用绿色建筑技术以及全过程的管理控制，为用户提供真正舒适、高效、健康、环保的办公空间，具体包括三层夹胶中空 Low-E 玻璃、幕墙可开启、外遮阳、屋顶绿化、室内 CO_2 浓度监测、太阳能光伏发电、能源站、电致色玻璃、地下空间天然采光、透水铺装、不动产智慧运营平台等。

②上海鲁能国际中心。本项目于 2018 年投入使用，占地面积 19091 平方米，共建设 4 栋写字楼，总建筑面积 15.8 万平方米，已获得绿色三星级运营标识、LEED 金奖认证。本项目积极践行鲁能集团绿色建筑标准执行体系，围绕节约能源和资源消耗、应用绿色建材和建筑方式以及提升室内环境质量等方面，打造健康办公空间。本项目于 2020 年参与了浦东"非工楼宇空调柔性需求响应"综合能源服务试点项目，获得了"智慧楼宇"的称号。本项目进行的绿色节能化改造包括：人工智能（AI）辅助空调节能系统改造、智慧楼宇一体化运营平台改造、建筑电梯系统改造、给排水系统改造、智能照明设备改造、设备运行状态监测系统改造。

③城市最佳实践区汉堡馆。实践区原汉堡案例馆是国内第一座按照德国标准设计并经认证的"被动房"。随着汉堡馆使用性质及功能的改变，自 2019 年起，实践区公司逐步对汉堡馆部分设施进行完善，在屋顶新增了部分隔热地板，更换了建筑节能灯具，对屋顶约 360 平方米的太阳能电池板进行了更换，增加了建筑内风机盘管的数量，维修和完善了建筑整体气密性设施等。2021 年，该建筑入选中国建筑节能协会发布的"关于 2021 年第二批近零能耗建筑测评项目的公示"名单，成为上海市和黄浦区两级首个落地的近零能耗示范项目。

（3）世博园区低碳能源集中规模化应用

中心城区最大的天然气分布式供能区域——世博园区大力推广分布式能源系统建设，A、B 片区建有区域式能源中心，形成了中心城区最大的天然气分布式供能区域。

A 片区能源中心于 2021 年投入使用，全天候为 A 片区内云台路以东所有公共建筑提供安全、可靠的优质冷热源，系统综合能源利用效率超过 80%。B 片区能源中心也已高效运营多年，年减少碳排放约 1 万吨，相当于造林将近 700

公顷，为 20 多幢建筑提供了综合能源服务。

中心城区最大的可再生能源应用区域——世博园区内整体现有光伏发电总量可达到 5.36 兆瓦，其中一轴四馆区域是中心城区最大的可再生能源应用区域，中华艺术宫、世博中心、世博展览馆的光伏发电总装机容量 4.5 兆瓦左右，城市最佳实践区光伏发电 0.67 兆瓦，A、B 片区光伏发电 0.19 兆瓦，园区年光伏发电量达 290 万千瓦时左右。

世博源、世博中心、城市最佳实践区、梅奔演艺中心采用江水源热泵空调系统以及地源热泵复合系统。2021 年 10 月起，能源中心总供能面积约 20 万平方米，能源中心年供冷量达 26063 吉焦，年供热量约为 10466 吉焦，江水源热泵空调系统节能效益显著。2023 年 3 月，城市最佳实践区能源中心获得国内首张 CDESIC 数字识别码（3101010017）。该区域能源（系统）站有国内唯一的“身份识别码”，有助于对项目进行节能降碳的统一认证。

（4）世博园区政企联合机制推动低碳发展实践区建设

世博园区后续利用和开发过程中，坚持绿色低碳发展道路，在创建低碳发展实践区过程中，充分发挥政企联合机制，调动园区内企业积极参与，在利用世博会期间的低碳生态技术的同时，不断积极创新，建成了具有国际水准的绿色低碳、生态环保示范片区。

①规划引领倡导园区低碳节能。为更好地实现世博地区低碳发展的愿景，上海世博园区形成了“结构规划—片区控详规划—低碳生态规划—专项规划”的低碳规划体系，组织开展了《上海世博园区后续利用低碳生态规划》编写工作，制订了可量化的低碳发展指标体系和建设导则。A、B 片区编制了《世博园区绿色建设导则》，城市最佳实践区也编制了《低碳生态规划和建设导则》，用于指导区域和绿色建筑的建设实施。城市最佳实践区成为中国及亚洲首个获得 LEED-ND 铂金级第二阶段认证的项目，也是首个在北美地区以外获得铂金级预认证的项目。城市最佳实践区还编制了《上海世博城市最佳实践区北区雨水利用系统运行管理手册》，积极推进海绵城市项目建设，并在 2017 年获得全国人居环境建设领域的最高荣誉奖项——中国人居环境奖的案例奖。

②政企合作推动区域低碳发展。世博园区建立了由“属地政府—世博发展集团—园区开发企业”联合组成的绿色生态建设合力推进机制，通过三方长效

沟通和合作机制的建立，共同推进世博园区的低碳有序建设。上海世博发展(集团)有限公司为协调机构，由集团总部职能部门作为园区低碳绿色发展相关工作的管理牵头部门。各开发企业在推进区域绿色生态建设当中发挥主导作用。同时，世博发展(集团)与属地政府建立长效沟通合作机制，共同推进新建建筑绿色建设设计和运营标准、集中供能和可再生能源、公共停车场充电设备、楼宇分项计量上网等。黄浦区发展和改革委员会、生态环境局，浦东新区发展和改革委员会、生态环境局，世博管理局等政府部门积极推动协调低碳发展实践区创建，组织政策解读会议、企事业单位座谈会，将创建重点任务列入区年度节能重点工作安排，鼓励和引导企业积极开展节能减排项目，落实政策扶持。

③政企联合营造良好宣传氛围。世博园区积极践行低碳理念的同时，在各级政府部门协调下，每年组织开展低碳日主题活动，通过公益活动、环保活动、研学活动、绿色倡议、低碳知识竞答等方式，向公众和园区内企业宣传低碳理念，鼓励大家参与减碳，增强企业责任心和人们的参与意识。2018 年 6 月 10 日，上海市节能宣传周主题日活动在世博城市最佳实践区举行，拉开了全国第 28 个节能宣传周暨 2018 年上海市节能宣传周的序幕。2021 年 6 月 5 日，由黄浦区生态环境局主办的以“人与自然和谐共生”为主题的世界环境日活动也在世博城市最佳实践区举行。活动为 2021 年度黄浦区“绿色学校”“绿色小卫士”进行颁奖，并以线上线下联动模式为观众进行环保知识普及。近几年举办的活动还包括 2019 年“垃圾分类新时尚”环保嘉年华活动、市级学生社会实践基地—高中学生社会实践低碳科普大课堂活动、世博十周年低碳沙龙暨纪念版低碳交通卡发布，2020 年“水环境保护与低碳生活”华师大环境问题观察慕课(MOOC)研学活动、环保“职客创客体验”系列活动、2021 年华能大厦绿色建筑参观活动、碳交易知识讲座，2022 年世博园区绿色节能低碳知识竞答等。另外，在创建过程中，世博园区利用论坛分享、接待各地政府部门企事业单位参观、成果展览、低碳沙龙、专题讲座等多种宣传手段，结合世博园区的低碳使命，用更加互动的方式宣传绿色低碳的理念；同时采用科技技术、动态展示、科普文案、制作科普宣传片等方式，在学习强国、浦东发布、黄浦发改委等众多官方媒体、公众号上将低碳知识予以展示和宣传。

上海世博会的低碳城市规划取得了显著的成就，为中国在低碳城市规划方面的发展提供了有力的示范和借鉴。同时，这些成就也证明了低碳技术的应用对于城市的可持续发展至关重要。

9.3.3.3 成都天府新区

2021年12月，中共四川省委十一届十次全会审议通过《中共四川省委关于以实现碳达峰碳中和目标为引领推动绿色低碳优势产业高质量发展的决定》，提出以实现碳达峰碳中和目标为目标，引领发展绿色低碳优势产业。这一决定，是四川顺应“三新一高”时代背景下绿色低碳发展大势的主动作为，也是发挥比较优势、培育绿色发展新动能的现实需要。根据此次谋划，未来将把四川建设为全国重要的先进绿色低碳技术创新策源地、绿色低碳优势产业集中承载区、实现碳达峰碳中和目标战略支撑区、人与自然和谐共生绿色发展先行区。

“双碳”战略，不仅是个人和企业不可回避的议题，更是每座城市都面临的“必答题”，也让我们看到城市产业结构调整的机遇。实现“双碳”目标，既要做好节能减排、减污降碳的“减法”，也要做好碳管理、经济发展的“加法”。而对四川天府新区来说，绿色低碳发展早已成为这个城市的硬核关键词。

(1)绿色减法：打造城市绿色低碳发展新示范

天府新区具有绿色低碳的历史基因，其发展史也是一部绿色生态的历史。

2014年10月2日，天府新区正式跻身“国家队”，明确要打造成为宜业宜商宜居城市。建设初期，新区便确定了“集约高效、绿色低碳”的产业定位。2018年2月，习近平总书记在天府新区考察时，首次提出了建设公园城市的理念，特别指出：要突出公园城市特点，把生态价值考虑进去，努力打造新的增长极，建设内陆开放经济高地。而后，天府新区树立了一个“小目标”：到2025年，基本建成践行新发展理念的公园城市先行区；到2035年，建成具有世界知名度的公园城市；到2050年，成为宣传习近平生态文明思想的重要窗口、世界城市可持续发展的中国方案、彰显中国特色社会主义制度优越性的未来城市样板。

天府新区一笔一画将公园城市从全新理念绘成优美的现实答卷，勾勒了清晰的公园城市模样。作为公园城市的“首提地”和公园城市建设的先行者，天府新区被赋予了绿色低碳和高质量发展的重任。减碳，需要“先立后破”。加强顶层设计，立住产业根基，才能破题能源结构。天府新区的绿色低碳发展，从来不是盲目减排，而是从技术和产业两大方面降低绿色溢价。碳排放的问题，本质上是技术和产业结构问题。在全球范围内，绿色化、数字化、智能化是绿色低碳发展的重要解法。

作为成渝地区双城经济圈的重要创新策源地，天府新区拥有坚实的产业基础和广阔的承载能力，也拥有成为低碳发展示范区、低碳建设引领区和国际低碳展示区的发展潜力。聚焦创新驱动、高端引领，天府新区以新经济突破发展为带动，以高技术服务业、国际会展、总部经济为支撑，以文创旅游、高端商务、高科技农业、金融科技、先进制造业等若干特色产业为扩充，形成“1＋3＋N”产业体系。在数字经济领域，天府新区加速聚合西部（成都）科学城的创新要素，加快建设独角兽岛、天府智慧岛、天府无线谷、天府数字港等产业载体，促进新业态衍生发展和新模式融合创新。

（2）智慧加法：智慧城市大脑赋能碳中和服务

自古以来，人们都在探索更好的城市、更好的生活，人、环境与城市的良性互动推动着城市进化和产业升级。实现“双碳”目标，需要准确把握人、城、境、业之间的关系，做好智慧加法。

2021 年 10 月 15 日，成都与深圳、杭州展开角逐，最终摘得“2021 世界智慧城市大奖 · 宜居和包容大奖”中国区决赛桂冠。11 月 18 日，成都在与爱尔兰都柏林、印度海德巴拉的角逐中获胜，成为“2021 世界智慧城市大奖 · 宜居和包容大奖”全球冠军。这背后，离不开天府新区的强力助攻。虽是年轻城市，天府新区却贡献了成都区（市）县基层案例的 60％，提供了智慧规划、数字孪生、智慧防汛应急等重要场景，是成都最终获奖的重要助力。

值得注意的是，一个多领域参与、多方共建的智慧城市大脑体系，早已在天府新区探索。

在智慧民生方面，天府新区已打造智慧化管理数字孪生系统。通过建筑信息模型（BIM）、地理信息系统（GIS）等数据信息集成，运用 3D 建模等技术，打破物理空间局限，建成 564 平方千米的数字孪生城市信息模型，联动城市大脑汇集多源数据，实现城市治理精细化和公共服务高效化。

在智慧规划方面，天府新区已拥有一支智能的公园城市绘画笔。通过对城市的生长进行全周期记录和全过程智能化管理，打造互联互通的自然资源“一张网”、三维立体的自然资源“一张图”和统一的应用支撑“一平台”，集编制、审查、实施、评估、国土空间规划于一体的智慧体系初步建立。

在智慧应急防汛方面，天府新区已建立全周期智慧应急防汛体系。通过专业模型和智能分析达到汛情态势研判、智能预报预警、灾害趋势预测，围绕“精准化预警、智慧化推演、智能化决策”，构建集态势感知、预警预报、决策分析和指挥调度于一体的“事前—事中—事后”智慧防汛减灾体系。

“双碳”是新时代的又一次能源革命，将推动整个社会动力的转变。在智慧能源方面，天府新区已搭建天府能源智慧大脑。一方面，天府能源智慧大脑将天府新区公园城市整体规划建设融入其中，布局多个沉浸式碳中和展示体验场景。另一方面，天府能源智慧大脑将全程追踪天府新区的“碳足迹”，精准计算每个行业和单位的碳排放量、趋势和规律。智慧城市是实现“双碳”目标的典型示范，这些布局最终都指向绿色低碳发展。

(3)平衡:绿色低碳和广阔的产业机遇

兴隆湖畔是天府新区绿色低碳发展的缩影，折射的是这座城市“双碳”的智慧和决心。绿色，是这座城市的主题色。从某种意义上讲，天府新区可以说是中国最绿的地区。

规划之初，天府新区确定了蓝绿空间占比超过 70.1％的底线。天府新区已累计建成连片城市森林、河湖水体 5000 公顷，生态绿道 290 千米，预计到 2035 年全域森林覆盖率达到 35％。天府公园、兴隆湖、鹿溪河生态区、锦江滨江生态带等，打造了天府新区蓝绿交织的城市本底，推动城市在自然山水中有机生长。增绿增景，寄托着这座城市以绿色低碳赋能高质量发展的期待。

2020 年，天府新区公布的经济总量高达 3561 亿元。以四川省 1/300 的面积，创造四川省 1/14 的经济总量，天府新区正在以科技创新推动高质量发展。“十四五”时期，是天府新区开启更高质量、更高水平、更高层次全面发展的关键时期。毫无疑问，随着“双碳”落地，将带来新一轮产业变革，也将带来全新的发展机遇。

低碳基础设施在城市规划领域起着关键作用，它们可以帮助城市实现可持续发展、应对气候变化，并提高居民的生活质量。回顾已有案例，低碳基础设施在城市规划领域中的影响主要包括：①能源效率。低碳基础设施通过优化建筑设计、改善能源供应和推广能源节约技术，降低城市能源消耗。例如，采用节能建筑设计、智能能源管理系统和可再生能源等措施。②绿色交通。低碳基础设施鼓励绿色出行方式，如发展公共交通系统、建设自行车道和步行街区，并提供便捷的公共交通服务。这有助于减少汽车使用和交通拥堵，降低交通的碳排放。③废物管理。低碳基础设施推动城市实施有效的废物管理政策，包括垃圾分类回收、有机废物处理和资源回收利用。这有助于减少垃圾填埋和焚烧带来的环境污染和温室气体排放。④智能城市技术。低碳基础设施结合智能城市技术，如物联网、大数据和人工智能，实现城市资源的高效利用和管理。通过智能能源系统、智慧交通管理和智能建筑等应用，降低碳排放并提高城市运行效率。

低碳基础设施在城市规划领域中的发展展望如下：①综合规划。未来的城市规划应更加综合化和系统化，将低碳基础设施纳入整体规划过程，确保城市的各个方面都能以低碳方式运作，包括建筑、交通、能源和废物管理等。②新能源和电动交通。随着可再生能源技术的发展和电动交通的普及，未来的城市规划应积极推广新能源应用和电动交通系统，减少对化石燃料的依赖，降低交通和能源领域的碳排放。③自然系统保护。城市规划应注重保护和恢复自然系统，包括湿地、森林和绿地等。这些自然系统有助于吸收二氧化碳、改善空气质量和提供生态系统服务，同时增强城市的韧性和适应能力。④社区参与和教育。低碳基础设施的成功实施需要广泛的社区参与和公众意识。未来的城市规划应注重公众教育和参与，提高居民对低碳生活方式的认知和支持。

参考文献

[1]Olivier J, Peters J. Trends in global CO_2 and total greenhouse gas emissions:2020 report[M]. Amsterdam:PBL Publisher,2020.

[2]赵景明.低碳建筑成本效益分析与评价方法研究[D].沈阳：沈阳建筑大学，2013.

[3]陈安钰，王如双，江文.全生命周期碳排放低碳建筑投资决策分析[J].住宅与房地产，2017,(17)：47-48.

[4]谭晓雨，黄全胜，毕丽娟,等.内蒙古自治区交通领域绿色低碳发展政策研究[J].交通节能与环保，2022，18(4)：1-7.

[5]邵帅，李兴.市场导向型低碳政策能否推动经济高质量发展？来自碳排放权交易试点的证据[J].广东社会科学，2022,(2)：33-45.

[6]刘双霞.低碳城市试点政策对战略性新兴产业发展的影响研究[D].桂林:桂林理工大学，2022.

[7]吴浩青.中国碳金融发展现状及政策研究[D].北京：华北电力大学，2021.

[8]梁栋.低碳试点政策对城市碳排放效率的影响研究[D].太原：山西大学，2022.

[9]于潇潇.低碳试点政策对城市绿色创新效率影响的实证研究[D].济南：山东财经大学，2021.

[10]朱育严."双碳"背景下交通运输行业技术发展建议[J].上海节能，

2023,(2):134-140.

[11]徐金金，黄云游.拜登政府的能源政策及其影响[J].国际石油经济，2022，30(9)：21-32.

[12]石英华,刘帅."双碳"目标下绿色投资政策实践、问题及建议[J].地方财政研究，2022,(10)：11-17.

[13]Zheng Li，Shiyao Chang，Linwei Ma，et al.The development of low-carbon towns in China：Concepts and practices[J]，Energy，2012，47：590-599.

[14] Yanan Wang，Xiaoli Fang，Shiwen Yin，et al. Low-carbon development quality of cities in China：Evaluation and obstacle analysis[J]，Sustainable Cities and Society，2021，64：102553.

[15]谢于松，王倩娜，罗言云.基于 MSPA 的市域尺度绿色基础设施评价指标体系构建及应用——以四川省主要城市为例[J].中国园林，2020，36(7)：87-92.

[16]孙严育.低碳背景下武汉工业园区评价指标体系研究[J].当代经济，2015，379(19)：124-126.

[17]Xiang Liu，Yichen Li，Xiaohong Chen,et al.Evaluation of low carbon city pilot policy effect on carbon abatement in China：An empirical evidence based on time-varying DID model[J]，Energy Economics,2022，123：103582.

[18]徐鹏鹏，姚佳黛，李想，等.国家中心城市基础设施高质量发展评价指标体系研究[J].项目管理技术，2021，19(6)：43-49.

[19]杨锋，邢立强，刘春青.城市基础设施可持续发展评价指标体系研究[J].中国经贸导刊，2015，791(16)：49-51,76.

[20]Vivien F-R，Céline G.Transportation infrastructures in a low carbon world：An evaluation of investment needs and their determinants[J]，Transportation Research Part D：Transport and Environment，2019，72：203-219.

[21]Xiu Yang，Xuechun Wang，Zeyu Zhou.Development path of Chinese low-carbon cities based on index evaluation[J]，Advances in Climate Change

Research，2018，9：144-153.

[22]谭晓雨，黄全胜，毕丽娟，等.内蒙古自治区交通领域绿色低碳发展政策研究[J].交通节能与环保，2022，18(4)：1-7.

[23]李金铠，刘守临，张瑾.加快新型能源体系建设，以绿色化、低碳化、生态化推进中国式现代化[J].生态经济，2023，39(6)：13-17.

[24]李润.农业基础设施财政投入对低碳农业的影响分析[D].北京：北方工业大学，2015.

[25]金伟星.环境规制下交通基础设施碳排放动态效率测度研究[D].西安：长安大学，2020.

[26]王璐琪.交通基础设施对区域碳排放的影响研究[D].哈尔滨：哈尔滨工业大学，2019.

[27]张琰彬."双碳"目标导向下的既有校园绿色更新策略研究[D].郑州：华北水利水电大学，2022.

[28]沈菊琴，马玲利.基于 STIRPAT 模型的水利工程建设对碳排放的影响研究[J].资源开发与市场，2019，35(1)：26-31.

[29]刘怡琳，刘永红.低碳生态经济背景下水利建设的思考[J].绿色科技，2018(6)：249-250.

[30]苗展堂.微循环理念下的城市雨水生态系统规划方法研究[D].天津：天津大学，2013.

[31]李娜.低碳生态视角下绿色交通及可持续发展对策研究[J].运输经理世界，2022，671(25)：160-162.

[32]周启忠，杜勇华，魏波.浅论低碳经济与水利发展[J].中小企业管理与科技(下旬刊)，2012，312(1)：113-114.

[33]孟瑶，赵华.绿色低碳理念下县城基础设施建设路径探索[J].建设科技，2023，475(8)：16-18.

[34]王国盛，季港澳，路德春，等.城市地下基础设施低碳发展策略研究[J].中国工程科学，2023，25(1)：30-37.

[35]唐川东，刘园园，周宇，等.市政基础设施领域低碳技术在地化实践[J].重庆大学学报，2022，45(S1)：115-120.

[36] Schneider M, Holzer A, Hoffmann H. Understanding the CDM's Contribution to Technology Transfer[J]. 2019, 36(8): 2930-2938.

[37]张亚暾.城市低碳交通评价指标体系研究[D].杭州：浙江工业大学,2018.

[38]易露霞，尤彧聪.低碳市政基础设施建设探究[J].广东职业技术教育与研究，2016，42(6)：95-102.

[39]梁鲜.基于低碳生态视角的绿色交通发展路径——评《低碳生态的城市交通规划应用方法与技术》[J].环境工程，2021，39(4)：229.

[40]李海燕，谢淑彦，刘冬黎，等."双碳"目标下云南水利发展新常态[J].珠江水运，2022，563(19)：37-39.

[41]刘金花.基于改进生态足迹模型的低碳土地利用研究[D].北京：中国地质大学(北京),2013.

[42]桂宝荥，吴驰，罗宇.高性能混凝土的低碳绿色研究与应用[J].居舍，2023，(6)：148-150.

[43]刘怡琳，刘永红.基于生态文明发展理念的水利工程设计探讨[J].环境保护，2018，46(5)：68-69.

[44]黄海田，闵毅梅.将低碳经济理念引入水利行业的探讨[J].水利水电科技进展，2011，31(3)：43-46,83.

[45]李积权.城市建筑生态位原理探析及其生态位策略研究——日本东京中城规划设计案例分析[J].城市发展研究，2012，19(8)：28-35.

[46]计永毅，李月琴，陈浩.日本建设低碳建筑的举措及其效果分析[J].生产力研究，2012，(10)：165-167.

[47]国务院发展研究中心"雄安新区能源发展规划研究"课题组.打造雄安零碳智慧绿色能源体系树立新时代能源高质量发展标杆[J].发展研究，2019，(1)：74-78.

[48]国务院发展研究中心"雄安新区能源发展规划研究"课题组.雄安新区零碳智慧绿色能源体系的实现路径[J].发展研究，2018，(9)：16-19.

[49]赵新峰.全球治理视角下雄安新区低碳发展战略的整体性选择[J].新视野，2019，(6)：13-20.

[50]李艳丽，陈伟航.基于碳普惠制的生活低碳管理研究——以雄安新区为例[J].环境保护与循环经济，2022，42(1)：102-106.

[51]周伟铎，庄贵阳.雄安新区零碳城市建设路径[J].中国人口·资源与环境，2021，31(9)：122-134.

[52]王致诚.上海世博会的低碳绿色创新[J].资源与人居环境，2010，(13)：55-57.

[53]蔡放鸣.上海世博会城市最佳实践区后续发展低碳生态规划与实践[J].上海城市规划，2014，(3)：112-117.

[54]郝晓地，任冰倩，曹亚莉.德国可持续污水处理工程典范——Steinhof厂[J].中国给水排水，2014，30(22)：6-11.